DICCIONARIO DE CUBANISMOS MÁS USUALES

(Como habla el Cubano)

Tomo II.

COLLECIÓN DICCIONARIOS

EDICIONES UNIVERSAL. Miami, Florida. 1984

José Sánchez Boudy

Diccionario de Cubanismos más usuales

(Como habla el Cubano)

Tomo II

-- EDICIONES UNIVERSAL

P.O. Box 450353 (Shenandoah Station)
Miami, Florida 33145, USA.

Portada de Adelfa Cantelli

En algunos casos se añaden en este diccionario *mas* significados de palabras que aparecen en el Tomo I de esta obra.

A Leonardo Gabriel
y
a Armando Couto
dos creadores del hablar cubano

PRÓLOGO

Este tomo segundo forma parte de una obra que espero pueda recoger toda el habla cubana en acción: los cubanismos. Ya están en preparación tres nuevos tomos y se siguen recopilando cubanismos.

El habla cubana es, pues, la forma en que habla el pueblo cubano. Ya en el primer tomo de esta obra indiqué cuales son los niveles del español en Cuba. Ya sabemos que junto al castellano que llamaremos castizo, es decir, el de las clases con cultura o con cierta cultura, la clase rica y media, funcionaba otro que no era sólo privativo de las populares aunque en ellas se originara, pues lo usaba así mismo, esa clase con cultura o con cierta cultura a la que me referí.

En efecto, si a un abogado, por ejemplo, se le preguntaba: «¿Cómo estás, Joaquín»?, contestaría, si el abogado se hallaba en una reunión social, o en un sitio de categoría, o rodeado de personas de pro, «— Yo, estoy bien, Pedro, gracias».

Si al salir de esa reunión el amigo le preguntaba de nuevo, en la intimidad: «—¿De verdad que estás bien?—, el abogado contestaría, usando un cubanismo, usando el lenguaje del pueblo: «—Chico, en el tíbiri tábara», o sea, «de lo mejor».

Es normal, por lo tanto, que un cubano culto, en privado, al referirse a un amigo que ha sido suspendido diga: «Al pobre Juan lo partieron en matemáticas» (Lo suspendieron en el exámen de matemáticas) o «Ese político era muy bembón y le partieron la ventrecha». (El político hablaba mucho y lo mataron).

Los cubanismos, pues, no son privativos, repito, de una clase social, ni del pueblo bajo. Pertenecen a todos los cubanos. Ellos han creado la forma peculiar de expresarse en español el cubano. Lo que llamamos el habla cubana.

Esto lo han señalado, entre otros, Eladio Secades, el más grande costumbrista cubano de la República en sus *Estampas*.

Los cubanismos son, pues, importantísimos no sólo por lo anterior sino porque reflejan el alma del pueblo, indicando que la lengua es un producto psicológico y, además, social.

El habla, afirmamos, es un producto psicológico. Los cubanismos contienen una de las características de la psiquis cubana: el choteo.

El novelista René Landa Triolet, en su prólogo a mi libro: *Lilayando Pal Tu* (*Mojito y picardía cubana*) (Miami: 1977), ha definido brillantemente lo que es el choteo: Dice Landa Triolet: «¿Es el choteo una desvalorización de la realidad como afirmaba Mañach?. No. Ambos libros nos lo definen completamente. En ellos vemos que el choteo es una faceta fija e inconmovible de la psiquis del cubano y que consiste en enfocar, mediante el chiste, las más disímiles situaciones de la tragedia nacional; de las fallas de la vida nacional en cualquier sentido. No se trata pues de desvalorizar sino de endulzar, por lo menos, la crisis de la nación cubana. De presentar así mismo, por el lado risible, las situaciones de la existencia, aunque tengan en la punta un estilete doloroso.»

El habla, no la lengua, es un producto social. Ello lo prueba la de los *Marielitos*. (Llamamos «Marielitos» a los cubanos que se refugiaron en la Embajada del Perú, en la Habana, en 1979, y a los venidos por el puente marítimo que se estableció entre el puerto cubano de Mariel y el norteamericano de Cayo Hueso en 1980.

Los cubanismos de los Marielitos son mínimos. Y es que la vida del de ayer cubano, con toda su textura, ha desaparecido en Cuba. Los cubanismos de los «Marielitos», los más importantes, han sido incluidos en este diccionario.

Así como los escasísimos cubanismos creados en el Exilio por los cubanos exiliados. Muchos cubanos llevan por estas tierras veinticinco años de destierro. Y sin embargo, siguen con el habla traída de allá. Aislados de la cultura norteamericana, en forma material y espiritual, el habla cubana o sea, los cubanismos del exilio, es mínima.

Algunos de estos cubanismos, creados en Estados Unidos, son de ocasión. Se oyen muy esporádicamente, o desaparecen después que pasa el suceso que los produjo. Pocos supervivirán, como es el caso de: «fulano es un manisero», para indicar que «no vale nada», cubanismo que el cubano acuñó, por entender que el Presidente de Estados Unidos, Jimmy Carter era un incapaz. El Primer Magistrado sembraba maní.

Y nada más hasta el tomo tercero.

José Sánchez-Boudy.

Greensboro, Carolina del Norte, 1980.

1. He incluido algunas expresiones que todos rechazamos, por ser bajas, groseras, asquerosas. Pero pertenecen al habla y son comunes. Sólo el rigor científico las trajo aquí. Las repudio terminantemente.

DICCIONARIO

A

ACEITUNA. Ver *Gallego.*

ACCIÓN. *Estar en acción y kilometraje.* Estar trabajando. «No para. Esta, siempre en acción y kilometraje». *Gustarle a alguien la acción y él kilometraje.* Se aplica a muchas cosas Por ejemplo, una mujer que le gusta tener relaciones sexuales con cualquier hombre «le gusta la acción y el kilometraje». «Enamórala y la llevas a la cama. Le gusta la acción y el kilometraje». Al individuo que le gusta «pelear» le gusta la acción y el kilometraje. «Ya está peleando con la mujer; ¡Cómo le gusta la acción y el kilometraje!; a un hombre muy activo le gusta la acción y el kilometraje: ¡Cómo trabaja!, es que le gusta la acción y el kilometraje».

ACCIONISTA. *Ser accionista de Vanidades.* Tener alguien con mucha vanidad. «Ese hombre es accionista de Vanidades» (Cubanismo nacido en el exilio; juega con la palabra «Vanidades», título de una revista del mismo nombre).

ACUADRILLADO. *Estar acuadrillado.* Estar unido. «El exilio está acuadrillado en todo». (Es lenguaje del campesino cubano).

ADAMS. *Ser alguien Adams.* Se dice el que vive de otro, sin trabajar. «Juan es Adams». ¿Cómo puede ser así? (Es un cubanismo basado en el nombre del Chicle Adams. El que es Adams es como el chicle: se pega. Vive pegado. De ahí el cubanismo del exilio). Ver también, para «Adams», *Picúo,*

AFRICA. Ver *Calor*

AFRICANAS. *Asientos de madera y lona.* «Me voy a comprar para esta habitación, unas africanas».

AGUA.*Estar bajo el agua.* Estar borracho. «Se pasa el día bajo el agua y la familia sufre».

AGUANTÓN. *Se dicen del que soporta vejaciones sin quejarse.* «Es un aguantón. ¡Cómo lo vejan!».

AGUILAS. *Ver Club.*

AHORA. *Ahora me pica aquí y voy a rascarme allá.* Se aplica a que los cubanos en Cuba iban continuamente a Washington a resolver los problemas que eran privativos de Cuba sólamente. Hoy se dice lo mismo en el exilio. «Somos nosotros los que tenemos que resolver el problema de los refugiados. Pero como siempre: ahora me pica aquí y voy a rascarme allá». (O sea vamos a Washington para que nos resuelvan el problema). (El cubanismo es la letra de una canción).

AIRE. *Ver Bola.*

AJI. *Ser, alguien, ajiguaguao.* 1.- Ser alguien muy nervioso. «Juan es ajiguaguao. 2.- Ser muy malcriado un niño. «Pedrito a pesar de tener diez años es ajiguaguao». 3.- Ser alguien mala persona. «No hables con él, es ajiguaguao».

AJONJOLÍ. *Ser alguien, para el billete, más pegajoso que el ajonjolí.* Gustarle mucho el dinero. «Ese librero para el dinero es más pegajoso que el ajonjolí». (El ajonjolí es un dulce muy pegajoso. De ahí el cubanismo).

ALACRÁN. Ver *Yagua.*

ALAS. Brazos. «Mira como mueve las alas al hablar».

AL TILIN. *Tener algo al tilín.* Tener un conocimiento muy presente. «Tiene ese conocimiento al tilín». Se aplica a otras cosas como: «*tener una respuesta al tilín*». Tener una respuesta pronta». «Para cualquier cosa que le preguntes tiene la respuesta al tilín».

ALAFIA. *Alafia, alafia.* Indica que uno se quita de arriba la mala suerte. Se usa en casos como este: —¡Qué mal me siento! De nuevo tengo dolor de cabeza. —¡Alafia, alafia!». Es un conjuro mágico procedente del idioma bantú).

ALCOHOL. Ver *Mecha.*

ALEXANDER. *Estar Alexander alborotado.* Sonar mucho el teléfono. «Hoy Alexander está alborotado». (Es cubanismo del exilio. Se basa en el inventor del teléfono: Alexander Graham Bell).

ALQUILAR. *Alquilar a Unjermima.* Alquilar una cocinera. «Mi marido, si quiere seguir conmigo tiene que alquilar una Unjermima.» (Es la negra cocinera que sale en la caja de los «pancakes» —tortas— norteamericanas. El cubano pronuncia «únjermima». Este cubanismo nació en el exilio).

AMANSAGUAPO. (El). El psicólogo. «Hoy fui a ver al amansaguapo». El amansaguapo es una yerba que se usa en los ritos africanos en Cuba para serenar a las personas.

AMOR. *Ser un amor de tipo de vaca cagalona.* Se dice de los que se enamoran con miradas y con visajes de los ojos». «Hasta ahora el amor de mis amigos es de vaca cagalona».

ANOCHE. *Anoche me dejó como la canción.* Dejar a alguien plantado». Yo no le acepto más cita. Anoche me dejó como la canción». (La canción dice que la dejaron vestida...).

ANTONIETA. Ver *María.*

ANTONIO. *¡Antonio mi hijo!* Se usa como exclamación, en el sentido de «Oyeé». «Se sacó la lotería. Es millonario». «¡Antonio mi hijo!»

ANTORCHA. *Poner a alguien al lado de la an torcha de la libertad.* Quemarlo. «La mujer lo sorprendió con otra y lo puso al lado de la antorcha de la libertad». (Cubanismo nacido en el exilio. «La Antorcha de la libertad» es un monumento que está en el parque de las palomas en el centro de Miami).

AUT. *Ser aut*. *Fracasar*. «En ese negocio eres aut». «Si vuelves a hacer eso es aut». (Es un término del juego de pelota). El que es «aut» no pudo llegar a la base, lo que es requisito del juego. *Sacar a alguien «aut»*. Derrotarlo. «Que va, lo sacaron aut en el torneo». (La voz inglesa «out» el cubano la pronuncia «aut».

APUNTACIONES. *Apuestas*. ¿Cómo están las apuntaciones, hoy? *Sitio de apuntaciones*. Banco donde se hacen apuestas ilegales. «En esa casa está el banco de apuntaciones».

APURATIVO. *Ser un apurativo*. Estar siempre apurado. «Ese amigo tuyo es un apurativo. Se va a morir del corazón».

ARBOLITO. *Cagarse en el arbolito*. No importarle a uno nada. «Ya se la noticia pero me cago en el arbolito». (El cubanismo está basado en una canción del autor cubano Guillermo Álvarez Guedes. *Vivir cagándose en el arbolito*. Vivir endemoniado. «Aquí hay que vivir todos los días cagándose en el arbolito». (Viene de una canción de Pascua, jocosa, en un disco del actor cubano Guillermo Alvarez Guedes».

ARRASCARSE. *Corruptela de rascarse*. «Me arrasqué aquí y me hizo daño: tengo hongos».

ARROZ. *Ser algo arroz blanco con frijoles negros*. Ser algo sin importancia. «No te preocupes de esa llamada telefónica. Eso va a ser arroz blanco con frijoles negros». *Tener alguien personalidad de arroz con leche*. «No valer nada». «Ese individuo tiene personalidad de arroz con leche». En general se aplica a las personalidades apagadas. Para *Arroz* ver, así mismo, *Picadillo*.

ASPIRINA. Contestación al que se queja diciendo: —«Oye, lo que tu me dices me duele». Se contesta: —«Aspirina». Con eso también he oido el uso de otro analgésico: *Mejoral con él*.

ASTRONAUTA. *Sobrevivir más que un austronauta*. Mantenerse mucho en una situación. «Has sobrevivido conmigo más que un austronauta. ¡Mira qué me has hecho cosas, Mariano! No se cómo no me he divorciado de ti». (Cubanismo del exilio).

ATAJA. *Ser alguien de ataja que voy*. No ser honesto. «Yo tengo la seguridad que es de ataja que voy. Por eso no hago negocios con él».

AURORA. *Ser algo igual que Aurora*. No valer nada. «Eso que me dices y Aurora es igual que nada». (Es decir lo que me dices no tiene valor para mí. «Aurora» es la marca de un papel sanitario).

AUTOMÁTICO. *Este no es el automático de Nueva York*. Contestación que se da a que lo apura a uno. Se oye casi siempre entre las mujeres que lo usan cuando el marido o los hijos las apuran en la casa por la comida. «Mira Pepe, tienes que esperar. Este no es el automático de Nueva York. («El automático» era un restaurant donde uno ponía dinero en unas ranuras y se sacaba la comida). (Nació en el exilio, el cubanismo, entre la gente culta).

ATENAS. Ver *Negro*.

ATRAQUE. *¡Qué atraque!* Mira que dice tonterías. «Oye lo que dice el orador ¡Qué atraque! Sinónimo. *Atracarse de mojones. Ser algo una mo-jonera.*

AURA. *Ser alguien un aura.* Ser muy ambicioso.«¡Muchacho, con el dinero es un aura!». También se dice del individuo que siempre está hablando de tragedias. «No me gusta hablar con él porque es un aura». *Tener, alguien, un aura parqueada en un hombro.* Ser un individuo que todo lo ve negro. «Ni me hables de él. Tiene un aura parqueada en un hombro». (Algunas veces se dice el nombre completo del ave de rapiña cubana: aura tiñosa».

AVE.*Ser alguien el ave Fénix de los grandes imperios.* Ser un homosexual completo; que no lo puede ocultar. «Tu amigo es el ave Fénix de los grandes imperios». (Este cubanismo se oye, sólo, entre gente culta).

AVENIDAS. *Tener tomadas todas las avenidas, inclusive las cortas.* Tenerlo todo previstísimo. «Yo tengo tomadas todas las avenidas inclusive las cortas. Todo me debe salir perfecto en esta empresa». No dejarle a nadie solución. «Me tomo todas las avenidas inclusive las cortas. De ahí tuve que matarlo». (Es cubanismo del exilio. Hay un tipo de calles en Estados Unidos llamadas «cort»: «Cortas».

AVIADOR. *Homosexual.* ¡Que aviador va por ahí!. (Se dice que el homosexual vuela, porque es un «pájaro» o un «pajarito»: cubanismos que significan homosexual. De ahí el cubanismo aviador). Sinónimo. VOLADOR.

B

BABALAO. *Tener que ver alguien al Babalao.* Se le dice a la persona que tiene mala suerte. «Perdió el anillo. Oye, tú tienes que ir a ver al Babalao.» (Babalao: sacerdote de las religiones africanas vigenes en Cuba). Sinónimo. *Tener que hacerse un despojo; tener que hacerse una limpieza.* (Algunas veces en vez del verbo «Tener» se usa el verbo «Necesitar»)

BACANA. *La licencia de manejar.* «Hoy logré sacar la bacana». (Es cubanismo derivado del argentinismo: bacán: bueno. Es la licencia la bacana, porque permite manejar, moverse, porque rinde utilidad. De ahí el cubanismo). (Es lenguaje de los cubanos llegados Estados Unidos por el puente marítimo Mariel-Cayo Hueso, en 1980). (Es en realidad, un argentinismo-lunfardo).

BACTERIA. *Meterle a alguien bacteria.* Darle un alimento que sabe mal, o que está viejo. «—Le di café viejo, Pedro—» «—Sí, le metiste bacteria—». Atacar a alguien fuerte. «A Juan lo derroté en las elecciones porque le metí bacteria. Saqué al aire su vida privada».

BALÓN. *Gustarle a alguien el balón de oxígeno.* Gustarle aspirar a todo. «A ese hombre como le gusta el balón de oxígeno. Ahora quiere ir de representante».

BANCO. *Todos los bancos tienen pata.* Tener alguien un banco de apuntaciones. Tener dinero. «Juan tiene un banco de apuntaciones, por eso puede comprarse esos trajes». *Banco de apuntaciones.* Cubanismo que indica el sitio donde se recogen «apuntaciones» o sea apuestas ilícitas (juego de la charada), de ahí el cubanismo.

BAÑAR. Ver Pastilla.

BARACUTEY. *Ser baracutey alguien.* No gustarle trabajar. «No le digas nada a ese vago. Siempre fue un baracutey».

BÁRBARO. *Muy bueno.* «Te voy poner a dar una conferencia en mi sección de literatura. ¡Bárbaro!

BAR. Ver *Bolero.*

BARCO. *¡Qué clase de barco!* ¡Qué clase de sinverguenza! ¡Qué clase de calavera! ¡Qué clase de mujeriego! La conversación da el significado: «Tiene cinco mujeres. ¡Qué clase de barco!» (Calavera). «Le llevó la fortuna al suegro. ¡Qué clase de barco!» (Sinverguenza). Algunas veces se dice sólamente, al ver a una persona: *¡Qué clase de barco!* Los que hablan conocen la vida del aludid y por lo tanto saben si se refieren a que el individuo es un mal hombre; un calavera, etc. Algunas veces se dice con admiración, refiriéndose a que el hombre es muy habilidoso. Se oye así mismo, a menudo: ¡Qué clase de barco! : no hay calado para él,» indicando con «no hay calado para él», que se reputa al aludido como una persona de la que no se debe fiar». Puede equivaler, igualmente, a: *¡Qué clase de hijo de puta!*

BARNIZ. Ver *Cepillo.*

BARQUILLA. *Cagarse alguien en la barquilla.* Cagarse en el día que nació. «Ahí donde lo ves se está cagando en la barquilla».

BARQUILLO. Ver *Mamada.*

BARTOLOME. *Ser Bartolomé de las Casas.* Ser protector de algo. «*Encontraron trabajo. Hay mucho Bartolomé de las Casas en este exilio*». (Se creó este cubanismo entre la gente culta con motivo del arribo de los cubanos por Mariel. (El padre Bartolomé de las Casas fue defensor de los indios y escribió el famoso tratado: «*De la destrucción de las Indias*»

BARRETIN. *Cabilla.* «Ahí hay que poner dos barretines más».

BASURA. *Para toda basura hay un latón.* No hacer a alguien el menor caso, por no valer su opinión, ya que es un don nadie. «Me dijo que yo era un mal escritor pero lo miré de arriba a abajo y le contesté: «para toda basura hay un latón». Significa, también, «deshacerse de lo que no sirve». «Boté el libro porque para toda basura hay un latón».

BATE. *Estar al bate.* Ser la cabeza en algo. «En ese gobierno es él, el que está al bate». «Aquí nadie me contradice porque yo estoy al bate». (Es término beisbolero. El que está al bate es el que tiene el que tira a la pelota para darle, de ahí el cubanismo). Sinónimo. *Tener el bate en la mano.* «En esa situación el no pierde, porque tiene el bate en la mano». Ver además *CUARTO.*

BATEAR. *Comer mucho.* ¡Cómo batea ese muchacho. Por eso está tan gordo!». (Viene del «baseball», juego de pelota). Batear es darle a la pelota con el bate en el juego de pelota. *Batear dos personas iguales.* Tener la misma capacidad. «La competencia va a ser muy reñida. Esas dos personas batean iguales». (Viene el cubanismo, del juego de pelota, «baseball»).

BAYUCEO. *Irresponsabilidad llevada al máximo.* «Yo no puedo vivir en el bayuceo cubano». (Viene de «Bayu»: casa de prostitución en cubano.) Sinónimo. *Relajo.* «Esto es un relajo».

BELASCOAIN. Ver *Salud.*

BEMBA. *Bemba e perro.* Se usa en forma despectiva para indicar que alguien no vale nada. «Se cree doctor, pero es un bemba a perro».

BEMBE. *Tener un hombre bembé.* Acostarse con una persona de una raza de color. «Juan tuvo hoy bembé con Edelmira». (El bembé es un baile africano de mucho movimiento que se compara con el del acto sexual.

BEMBÓN. *Valiente.* «Las dictaduras parecen muy fuertes pero se caen en cuanto aparece un bembón».

BERNABEU. *Ser Bernabéu.* Se dice de la persona que quiere que la mujer vista de acuerdo con su gusto. «Mi marido es insoportable: es Bernabéu». (Es cubanismo de la alta sociedad cubana. Bernabéu era un gran modisto cubano que vestía a la alta sociedad cubana).

BERRACÁ. Tontería. «Toda esa berracá que se dice es intolerable».

BETIBÚ. *Enseñar como betibú en televisión.* Enseñar una mujer sus encantos. «Juana enseña como Betivu en televisión.» (Betivú era un personaje de ficción, de tiras cómicas, que era muy provocativa con su minifalda. De ahí el cubanismo»).

BICHO. *Cuidado con el bicho que pica.* Se aplica a diferentes situaciones: Por ejemplo si alguien no es una buena persona y uno se asocia con él le advierten: «Cuidado con el bicho que pica» o sea, «no confies en esa persona», «o esa persona desprestigia». O si uno se va a meter en un mal negocio alguien le advierte: «Ciudado con el bicho que pica». (El negocio es malo) La conversación da el significado.

BIENVENIDO. *Bienvenido Granda.* Bienvenido. —«Viene mi hermano a visitarte—Bienvenido Granda.» (El cubanismo usa el nombre de un artista cubano.» Bienvenido Granda).

BILLETE. *Si el billete fuera dolor de cabeza no tenía alivio.* Se dice del que es muy tacaño. «Yo te digo que con todo su capital se da una vida de perro. Si el billete fuera dolor de cabeza no tenía alivio».

BINGO. *Hacer bingo.* Acertar. «Con este trabajo hice bingo».

BLANCA. *Caerle a alguien Blanca Nieves con los siete enanitos.* Caerle mucho problema. «A mi pobre hijo le cayó Blanca Nieves con los siete enanitos».

BLANQUEAR. 1.—Ganar. Lo blanquié en todas las partes del programa. 2.—Destruir. «Lo blanquié porque me hacía mucha competencia. Había que acabar con el». *Tener ganas de blanquear a alguien.* 1.—De destruirlo. Se oye así: ¡Qué ganas tengo de blanquear al blanquito ese! ¡Qué ganas tengo de blanquear al tonto ese! 2.—De matarlo. ¡Qué ganas tengo de enviarlo para el cementerio. Vaya de blanquearlo!

BLAK. *Un blak aut.* Una cocacola con helado de vainilla. «Dame un blak aut. Me gusta mucho». (El cubano pronuncia «block out», «black out»).

BLUMES. *Tener una mujer blumes.* Ser muy valiente; o ser una mujer de carácter. La conversación da el significado: «Esa mujer tiene blumes. Cuando vio al ladrón se le enfrentó». (Valiente). «Esa mujer tiene blumes. No hubo forma de que se desmintiera». (Es una mujer de carácter). (Blumes viene de una marca de bragas que se usaban en Cuba). Sinónimo. *Ser, una, mujer, una papayúa. Tener una mujer blumes con encajitos.* Es el aumentativo de lo anterior. Es el caso especial del cubanismo en que una palabra hace el aumentativo. Así que la mujer es valientísima o tiene muchísimo carácter. «Esa mujer tiene, blumes con encajitos. Cuando vio al ladron se le enfrentó. (Valientísima). «Esa mujer tiene blumes con encajitos. No hubo forma de que se desmintiera». (Tiene muchísimo carácter).

BOBO. *Disfrazar a alguien de bobo.* Darle una cantidad enorme de golpes, y lesionarlo malamente. «A Juan los ladrones lo disfrazaron de bobo».

Disfrazar un automóvil de bobo. Desbaratarlo en un choque. «Esa muchacha se llevó la luz y me disfrazó el automóvil de bobo». Derrotar. Compitió con él y lo disfrazo de bobo. *Estar como el bobo de la yuca.* Querer casarse. «Esa mujer está como el bobo de la yuca». (se basa en la canción que dice: «el bobo de la yuca se quiere casar....)

BOCHINCHE. *Establecimiento de mala muerte.* «Yo no entro ahí. Es un bochinche».

BODEGUERO. *Ser bodeguero, o estar de bodeguero.* Mandar a los demás que hagan algo. Se dice del que da continuamente órdenes. «Desde que llegó a este trabajo es bodeguero». «Desde que mi marido llegó a mi vida está de bodeguero».

BOHÍO. *Darle un «trim» al bohío.* Cortarse el pelo. Oye, ¡qué peludo estas! Dale un trim al bohío. («Trim» es una palabra inglesa que indice recortar. El cubanismo es del exilio).

BOLA. *Cambiar la bola.* Cambiar de opinión. «Ya cambió la bola. No se sabe lo que piensa». Maniobrar astutamente. «A las grandes potencias, las pequeñas, tienen para subsistir, que cambiarle la bola, continuamente». *Hace unas bolas con los mocos que si no sirven para jugar a la pelota por lo menos sirven para jugar a los «yaquis».* Se dice del que tiene la costumbre de sacarse los mocos. «Es un cochino. Hace unas bolas con los mocos que si no sirven para jugar a la pelota por lo menos sirven para jugar a los «yaquis». (Los yaquis son un juego de niñas). *Llegar alguien como bola de humo.* Llegar rápido. «Has llegado como bola de humo». *La bola pica y se extiende.* La cosa se complica. «Creían que renunciando todo se terminaba pero la bola pica y se extiende. Mira la nueva investigación». (Es un término del «base ball»: «pelota», este cubanismo). *No poner una bola en el cartón del bingo.* No tener suerte. «Desde que llegué a Estados Unidos no he puesto una bola en el cartón del bingo». (Cubanismo nacido en el exilio). *Pasarse de la bola.* Pasarse del límite. «Se pasó de la bola conmigo y tuvo problemas». *Tener la lengua bola.* Hablar como si se estuviera borracho. «Le dieron mucha anestesia y tiene la lengua bola». *Tirarle a alguien con la bola mala.* Tratar de engañarlo. «Me tiró con la bola mala pero yo me dí cuenta de su intención». Sinónimo. *Tirar con la bola de trapo. Batear la bola mala.* «No dejarse engañar. Me tiró con la bola mala pero yo se la batié. No me pudo engañar».

BOLADA. Ver *Envolvencia.*

BOLERO. *Ser algo un bolero de bar.* Ser una tragedia. «Eso que me cuentas es un bolero de bar». (Los boleros que tocaban en los bares de Cuba son muy trágicos. De ahí el cubanismo).

BOLITERO. *De bolitero se hacía millonario.* ¡Como apunta cosas! «Oígame, usted de bolitero se hace millonario». (Me lo han dicho cuando se me ha visto apuntando cubanismo. El bolitero es el banquero que apunta el número al que se juega en un juego de azar llamado charada. Como apunta el número se dice que «recoge apuntaciones». El cubanismo, como se ve es un juego de palabras con la palabra «apuntar»).

BOLOS. *Pesos.* «Dame cinco bolos. Te los pago mañana».

BOLLO. *Tener una mujer el bollo como un caimito.* Tener sus partes sexuales de color morado. «Esa prostituta tiene el bollo como un caimito». (*Bollo* en cubano es la parte sexual de la mujer. Se le dice así por tener la forma de un «bollo» de pan. Caimito es una fruta de color morado). Para *Bollo* ver, también, *GALLEGO.*

BOMBA. *Peo. Pedo.* «¡Qué clase de bomba, Juan. Asqueroso!».

BOMBEROS. *Entre bomberos no podemos pisarnos la manguera.* 1.—Aquí todos somos de la misma inteligencia; condición, clase social, etc. Todos somos iguales. «Caballero no debemos discutir más este asunto y tratar de perjudicarnos los unos a los otros. Entre bomberos no podemos pisarnos la manguera». (Si se esta discutiendo un proyecto que afecta a una clase social determinada quiere decir: aquí todos somos de la misma clase y no podemos perjudicarnos). 2.—No poder engañar alguien a otro. «Somos bandidos y a mi no me vengas con ese cuento de camino. Entre bomberos no podemos pisarnos la manguera. Veo dentro de ti).

BOMBILLO. *Que no se te apague el bombillo.* «Que sigas siendo tan inteligente. «Muchacho, ¡qué conferencia! Ruégale a Dios que no se te apague el bombillo».

BOTECITO. *Bailar el botecito.* Forma de bailar en que las parejas se balancean hacia los lados. «Vamos a bailar el botecito». *Bailar tanto el botecito que se hizo una flota.* Bailar en la forma que se ha dicho pero con movimientos exagerados». «Bailaron, anoche, tanto el botecito que se hizo una flota. Por eso están cansados».

BOTELLA. *No ser una botella sino un garrafón.* Tener un puesto en el gobierno en el que se cobra mucho dinero sin trabajar. «Lo que el tiene no es una botella sino un garrafón». («Botella» es un cubanismos que significa el tener un puesto en el gobierno que se cobra sin trabajar). (Se dice que el término se debe a que en el antiguo Frontón, los que vendían refrescos, los botelleros, estraban en él sin tener que pagar).

BOTELLERO. *Vendedor de refrescos.* «¡Que sed tengo! ¿Cuando llegara el botellero?» 2.—Se dice del que tiene una botella en el gobierno es decir, un puesto en el que cobra sin trabajar. «Ha sido botellero toda la vida».

BOZALÓN. *Que habla con la z.* «Ese locutor es bozalón».

BRAVA. *Ser alguien la brava de la Flor de Gervasio.* Ser una mujer que no le tiene miedo a nada. «Esa mujer no cree en nada. Es capaz de hacer cualquier cosa. Es la brava de la Flor de Gervasio. («La flor de Gervasio» era un bodega —establecimientos de víveres al detalle—, en Cuba, donde se reunía la gente del pueblo. De ahí surgió el cubanismo).

BRAVÍSIMO. *Forma de saludar.*—«¿Como estás bravísimo?». Sinónimo. Como estás bravo? 2.—Algo que es muy bueno. «Bravísima esa película.

BRAVO. *Ver Bravísimo. Ver también Picúo.*

BREIK. *Darle un breik a Edison.* Apagar la luz. «Oye, estamos gastando mucha electricidad. Dale un breik a Edison». (Es cubanismo nacido en el exilio. «Edison» es el descubridor de la luz eléctrica. Breik es la pronunciación cubana de la voz inglesa: «breik»: respiro.

BRETE. *No querer brete*. No querer fornicar. «Mi mujer me repite todas las noches: viejo no quiero brete y se queda dormida».

BRILLANTINA. *Ser alguien brillantina extrafina*. Empalagar alguien con sus modales extrafinos. «No lo resiste. Es brillantina extrafina». (La brillantina extrafina empegota el pelo. De ahí el cubanismo).

BRINQUITOS. *Ver pichón*.

BRISITA. *Tener una brisita*. Tener apetito. «Ya tengo una brisita. Así que me voy para casa a comer».

BRON. *«El bron está aquí»*. Aquí hay mucha gente de color. «El Bronx» es un barrio de Nueva York donde vive mucha gente de color». De ahí el cubanismo. Es cubanismo nacido en el exilio cubano). El cubano pronuncia «Bron».

BRUTO. Ver *Gallego*.

BUCHE. *Ir a echarse varios buches y solo coger un tín a la maraña*. Ir por lana y salir trasquilado. «Me fuí con varios amigos a echarme varios tragos y sólo cogí un tin a la maraña.» (Es lenguaje de los llegados a Estados Unidos desde Mariel en 1979). Sinónimo. Muchas veces en vez de decir: un tín a la maraña se dice un «entiquití». «Entiquití» es voz chuchera que quiere decir pequeño. (Chuchero: personaje de Germanía en Cuba que usaba un vocabulario especial. Se describe su figura en el tomo I de este diccionario).

BUENAVISTA. *Buenavista y Juanelo*. Hasta luego. —«Bueno, me despido familia: Buenavista y Juanelo». («Buenavista» y «Juanelo» son dos barrios de la Habana). *Ser alguien de Buenavista*. Ser un ladrón con habilidad. «Le condenaron a cinco años por ser de Buena Vista». (Buena Vista es el nombre de un Reparto de la Habana. El cubanismo se basa en que el ladrón tiene buena vista para las cosas, para robar).

BUFALO. Moneda de cinco centavos americana que circulaba en Cuba. «Tengo dos búfalos en el bolsillo». (Se la decía así por tener un búfalo acuñado). El *Tragarse el búfalo*. No pagar el tranvía. —«Fui de gratis. «Me tragué el búfalo». (Se decía cuando había tranvías en la Habana. Hoy todavía mucha persona mayor lo usa al referirse al pasado).

BULE. *Estar en algun bule*. Estar haciendo algo que se oculta. «Ese vigílalo que está en algún bule». Sinónimo. *Estar en algo*. «Actúa con tanto cuidado porque esta en algún bule». (Algunos dicen que es un andalucismo).

BURLESCO. *Pegar una mujer en el burlesco*. Ser muy bella de cuerpo. Y de cara. «Ella, todavía en el burlesco, pega».

BURURÚ. *Bururú, Barará*. Y no hay que tratar de entenderlo. «La vida es así y bururú barará. (Es un término amplió que se aplica a cualquier situación: por ejemplo: 1.—A algo que hay que aceptar: «Lo que te he dicho es así, y bururú barará.» 2.—O sea, lo que Dios quiera. «Bueno, me voy del trabajo y bururú barará. (El cubanismo está basado en la letra de una canción del Trío Matamoros, un trío famoso de Cuba, una letra que dice: Bururú, barará, ¿Dónde está Miguel?).

BURUJON. *Ir de burujón.* Atacar con todas las armas. «Le fuí de burujón y me dió el negocio.» Sinónimo. *Caerle a alguien con todos los hierros.*

C

CABALLERO. *Terminar como el caballero de París.* Terminar loco. Si sigues estudiando tanto vas a terminar como el caballero de París». (El caballero de París era un loco inofensivo de la Habana. Un personaje típico).

CABALLITOS. Ver *Dueña.*

CABALLO. *Caballo agujibajo.* Es el caballo que es alto de atrás y bajito en su parte delantera. Por antonomasia se aplica al hombre que es encorvado de espalda. «Si no le pones un aparato ortopédico a tu hijo va a ser un caballo agujibajo. Es, de origen campesino el cubanismo). *Caballo arrenquiniador.* Se dice del caballo al que se le ponen cerones (Cestas). «Ese es un caballo arrenquinador. Me es muy útil. *Bajar a alguien del caballo.* Derrotar; ganar. «Se creía muy listo y que podía conmigo en la competencia pero lo bajé del caballo». 2.—Destituir a alguien. «Lo hizo tan mal que lo bajé del caballo». *Parecer alguien un caballo «espiao».* ¿Caminar raro, como si tuviera una dolencia en los pies?» ¿Viejo, que te pasa, parece un caballo espiao? (Es cubanismo de procedencia campesina). Un caballo cuando se dice «que se espía» es que tiene alguna dolencia. *Ser como el caballo.* Ser un hombre que no tiene paciencia, que hace las cosas precipitadamente. «Le saldrá eso mal. No ves que es como el caballo». (El caballo no puede ver maloja sin que sin pensarlo corra a comérla).

CABEZA. *Tener en la cabeza un panqué de Noriega.* Tener un glande muy grande. «Ese hombre lo que tiene en la cabeza es un panqué de Noriega». (El «panqué de Noriega» era un panqué de tamaño grande que vendían en Cuba). Para cabeza ver también *Ruego.*

CABEZON. Ver *Feito.*

CABILLA. *Dar cabilla.* Rebajar los gastos. «Al presupuesto ese hay que darle cabilla. («Se usa sin embargo, mayormente, en el sentido de fornicar: «le da cabilla, a esa, mujer un primo mío hace tiempo»).

CACAO. *Ser alguien más viejo que el cacao.* Muy viejo. «Juan es más viejo que el cacao». (Es cubanismo de una zona donde por primera vez se sembró el cacao, en Cuba, de Baracoa).

CACHA. *Cacha no te caigas.* Virgen de la Caridad del Cobre, no me abandones. «Cacha no te cargas. Concédeme lo que te pido». A la Virgen de la Caridad del Cobre le llaman en Cuba, Cacha o Cachita. *Caérsele, Cacha.* No protegerlo la Caridad del Cobre. *Cáersele a alguien, a* alguien es «fallarle». (El cubanismo Cacha no te caigas, se usa en forma chistosa siempre).

CACHANCHA. *Estar de cachancha detrás de alguien.* Estar alabándolo servilmente. «Está de cachancha detrás del jefe el día entero».

CACHINEGRETE. Ver *Pardiñas.*

CACHITO. *Emular a cachito.* (Cubanismo nacido en el exilio referido a la forma que quedan a los que les han hecho algun atentado con bombas puestas en los carros. Como quedan echos pedacitos. De ahí el cubanismo). «Vieja volaron a Fernández. Emuló a Cachito». (Se basa además el cubanismo en la canción: Cachito, Cachito, Cachito, mío....)

CAPE. *Vivir de un modesto café de a tres kilos.* Vivir modestamente. «El vive de un modesto café de a tres kilos».

CAJA. *La caja de los fusibles.* La cabeza. «Tiene un tumor en la caja de los fusibles». *Fundírsele a alguien la caja de los fusibles.* Volverse loco. «Se trastornó. Se le fundió la caja de los fusibles». Para *Caja,* ver así mismo, también *Tomates.*

CALABAZA. *Faltarle sólo la calabaza.* Se dice de una mujer que es mala persona. La que en español castizo llamamos bruja. (*Esa mujer es una bruja*). «A Juana le falta sólo la calabaza. No te vayas a enamorar de ella».

CALAS. *Poner a cantar a alguien y volverse Calas.* Molestar a alguien y esta persona raccionar violentamente diciendo mil improperios». *«Ese estúpido de Pedro me puso a cantar y me volví Calas».* (Este cubanismo se oye entre la gente culta del exilio. Alude a María Calas, la famosísima diva). (Es decir: *Cante,* al ofensor, *Las cuarentas*).

CALDO. *Revolver el caldo.* Poner algo en movimiento mediante un liderazgo personal. «Él, con sus trasmisiones radiales, ha revuelto el caldo. El exilio tiene fe». (Es cubanismo del exilio cubano).

CALIDAD. *Sin buena calidad no hay levadura.* El que no tiene buenas cualidades no puede triunfar. «Fracaso porque sin buena cualidad no hay levadura». Sinónimo. *Para cocinar la harina es muy importante la levadura.*

CALOR. *Aguantar calor como una negra de Africa, alguien.* Aguantar mucho calor. «Mi hija aguanta calor como una negra de Africa».

CALVO. *Ser calvo Sotelo.* Ser calvo. «Tu eres Calvo Sotelo desde niño que yo me recuerdo bien». (Es un cubanismo gracioso nacido en el exilio que hace juego con el Premier español: actual Calvo Sotelo.)

CALLE. *Poner a alguien en la calle como a un gato.* Sacarlo de un lugar a caja destemplada. Me gritó y lo puse en la calle como a un gato. (A los gatos se les coge por el cuello y se les tira). De ahí el cubanismo.

CALLOS. *Salirle a alguien callos en las manos.* Masturbarse. «A ese muchachito le gustan mucho las muchachitas y tiene callos en las manos por pensar tanto en ellas».

CAMA. *Creerse que la cama es el Trust Company.* Poner cosas debajo del colchón. «Mi marido se cree que la cama es el Trust Company». (Es cubanismo de gente culta. El Trust Company en un banco americano en Cuba). *El Tarzán de la cama.* Se dice de un hombre muy viril. «Yo siempre he sido el Tarzán de la cama».

CAMAY. *Gastar alguien una caja de Camay*. Estarse siempre hablando bien de si mismo: «Todos los días gasta una caja de Camay». (Camay es un jabón, es decir «se da coba» — «se enjabona» — que en cubano es, entre otras cosas, «acicalarse mucho». De ahí el cubanismo).

CAMPANA. *Sonar la campana en el batey*. Dejar de trabajar. Hoy a las seis de la tarde suena la campana en el batey».

CAMPANARIO. 1.— Alguien que regenteaba un juego ilegal en Cuba. ¡Qué buen negocio tiene Campanareo! 2.— Tipo de juego ilegal en Cuba que tomaba el apellido del dueño «Campanario». «Premiaron el mismo número que ayer en Campanario.

CAMINO. *Enseñar a alguien el camino de Corralillo*. Insinuarle que se vaya a alguien. «Yo lo visite y me enseñó el camino de Corralillo a la media hora. También, hacer insinuaciones. «Se pasó todo el tiempo enseñandome el camino de Coralillo» (Coralillo es un pueblo de la provincia de Matanzas).

CAMPANILLA. *Tragarse la campanilla*. No hablar. «Cuando sacó el arma me tragué la campanilla».

CAMPANITAS. *Campanitas de cristal*. Los testículos. «No me grites. No me obligues a arrancarte las campanitas de cristal».

CAMPEÓN. *Forma de saludar del cubano*. «Oye campeón, ¿cómo estás tú hoy?»

CANALLÓN. *Tipo que nunca trabaja y vive muy bien de sus argucias*. Su uso se ha extendído a todo el que es muy vivo en algo. Por ejemplo: «Juan es un canallón con las mujeres» es decir, las conquista fácilmente. Viene de una canción de un músico cubano: Chapottín, que dice así: «Canallón, componte canallón». Y lo describe. En acepción de «vivir bien con sus argucias y sin trabajar» se oye: «¡Que clase de canallón. Como vive sin trabajar!»

CANCANEITO CAN. Titubeo. «Ese hombre tiene en ese asunto un cancaneito can sospechoso». (Tomado el cubanismo de una frase que pronunciaba en la televisión un personaje que hacía de viejito. Decía continuamente: «cancaneito can.)

CANCIÓN. *Estar como la canción*. Recibir una remuneración. «En este trabajo yo estoy como la canción». (La canción es «La bien pagá»). Sinónimo. *Estar como la Bien Pagá*. Este cubanismo juega con la época de la canción, por eso el cubano, no se confunde. Otras veces como en éste, la frase indica que canción es. *Hablar como la canción*. Hablar poquísimo tiempo. «Yo voy a hablar, por larga distancia, como la canción». (Se refiere a la letra de una canción que dice: tres palabras nada más....) Para canción ver también, *Mujer*.

CANCHA. *Estar alguien como el anuncio de Cancha*. «Ya te cogeré», «Ya te agarraré», en el sentido de «ya me la pagarás». Sigue burlándote, bobo, tú no ves que yo estoy como el anuncio de Cancha». (Cancha era una casa comercial en la Habana con el lema: «La revancha la da Cancha». De ahí el cubanismo): *Tenerlo cancha a alguien (O a algo)*. 1.—Saber como conllevarlo. 2.—Saber como hacerlo. Con acepción de conllevarlo. «No le hacen daño las cosas del hijo. El le tiene cancha a él». Como hacerlo. «Saldrá adelante con el proyecto. El le tiene cancha a eso».

CANGREJO. *Se dice una persona vieja.* ¡Ahí va un cangrejo! Tiene por lo menos, ochenta años.»

CANGREJÚO. *Ser alguien cangrejúo.* Que tiene mala, suerte. «En todo ese cangrejúo. Lo volvieron a suspender en matemáticas». (Es decir que como el cangrejo «camina para atrás»).

CANOAS. *Zapatos anchos.* «Mira que canoas usa ese hombre que vive enfrente».

CANTÍO. *Al cantío de un gallo.* Así dicen los campesinos cubanos cuando alquien le pregunta sobre donde esta un sitio. «Al cantío de un gallo». Es expresión vaga parece indicar que un sitio esta cerca pero puede estar muy lejos. Sin embargo cuando no lo dice un campesino significa «enseguida»: Se le declaró a la mujer en el cantío de un gallo. «Lo echó del trabajo en el cantío de un gallo».

CANTO. *Tener mucho de canto y poco de ópera.* Hacer mucho alarde de algo pero tener en el fondo poca calidad. «La matemática que ese sabe tiene mucho de canto pero poco de ópera». (Cubanismo de gente culta).

CAÑOTOLA. *Ser un cañotola* Se dice del que hace las cosas a la fuerza, de por que sí. La voz esta formada de las palabras «Cañona» y «Ayatola» y se refiere a lo que significan ambas palabras: «cañona»: «fuerza». Se dice: «lo hizo a la cañona»: «a la fuerza». Ayatola es «el Ayatola Jomeni» que de porque sí mantiene a los americanos de la embajada americana en Teheran, de rehenes). «Juan es un cañatola. Siempre es así». (Cubanismo surgido en el exilio con motivo de los sucesos de la embajada norte americana en Teherán).

CAPA. *Botarle la capa a Superman.* Derrotar a alguien. «El se creía muy vivo pero yo le boté la capa a «Superman» («Superman» es un personaje de tiras camicas que usa una capa. De ahí el cubanismo. Es un superhombre). (Cubanismo nacido en el exilio).

CAPORAL. *Ser un pollo de Caporal.* Ser una mujer muy bonita. «Tu novia es un pollo del Caporal». («Pollo» es un cubanismo que se aplica a una mujer muy bella. «El Caporal» era uno sitio donde vendían muy buen pollo en Cuba. De ahí el cubanismo).

CARA. *Tener alguien cara de papaya boca abajo.* Ser muy feo. «Tu primo tiene cara de papaya boca abajo». Sinónimo. *Tener cara de mango chupado. Tener cara de vacagalona.* Tener los ojos alados y la cara demacrada. «Mi prima, después de la enfermedad, tiene cara de vaca cagalona». *Tener una cara que no se usa.* Ser alguien muy feo. «Pedro tiene una cara que no se usa». *Tener una mujer cara de gozadora.* 1.—Gustarle el acto sexual. Esa tiene cara de gozadora. 2.—Ser muy sexual. «Cuquita tiene cara de gozadora. ¡Como debe ser en la cama!»

CARAMBOLA. *Tirarle a cualquiera, una mujer, una carambola:* Enamorarse cualquiera de ella a pesar de estar madura. «Si la ves a Rosa. A cualquiera le tira una carambola». (Es lenguaje procedente del billar).

CARAQUITA. (La). *Juego de azar clandestino en la Cuba Castrista.* «Hoy voy a jugar la caraquita.» (Como juegan de acuerdo con los números de la lotería de Caracas el juego tiene el nombre de Caraquita).

CARBÓN. *Peinar al carbón.* Recogerlo. «Vamos a peinar el carbón mañana por la mañana». (Es cubanismo de los carboneros que se oye, además en los pueblos aledaños a zonas carboneras).

CARBURADOR. *Tener el carburador adaptado.* Acostarse lo mismo con una blanca que con una negra. «Ahí va con esa negra. Es que tiene el carburador adaptado». (*Quemar petróleo*, es un cubanismo que significa acostarse con una negra. El carburador adaptado en un automóvil lo misma quema petroleo que es negro, que gasolina, que es blanca. De ahí el cubanismo).

CARETA. *Ponerse la careta de oso.* Succionar el clítoris de la mujer. «A mí me dan asco los que se ponen la careta de oso». Sinónimo. *Bajar al pozo. Bucear. Disfrazarse de carnaval. Ponerse la careta de pelo. Ser algo al duro y sin careta.* 1.—Ser un caso al que hay que darle el pecho. «Tu dirás lo que tú quieras pero esto no es cosa de juegos. Es al duro y sin careta». 2.—Ser algo difícil. «Esta problema de matemáticas es al duro y sin careta».

CARNE. *No ser alguien carne ni pescado.* No ser ni una cosa ni la otra. «Ese no tiene opinión: no es carne ni pescado».

CARRETA. *Tener la carreta encima.* Estar apremiado por los problemas. «Juan tiene la carreta encima. Por eso está tan preocupado».

CARRO. *Chillar alguien más que una sirena de un carro de policía.* Quejarse mucho. «No le tengas lástima por lo del trabajo. Chilla más que una sirena de un carro de policía». (Es un cubanismo nacido en el exilio cubano en Miami).

CARTER. *Comer Carter.* Comer maní. «Mira que ese come Carter». (Cubanismo nacido en el exilio). Ni un mani más. No queremos a la presidente Carter ni un minuto más en la presidencia. «Yo no como ni un maní más». (El cubanismo nació en Miami durante la campaña presidencial Carter-Reagan). (El presidente de Estados Unidos, J. Carter tenía una fábrica de maní).

CARTERA. *Cartera y guante.* Se dice como fórmula de despedida. «Bueno señores, me levanto y: cartera y guante».

CARTERO. *Ser alguien cartero.* Se dice del hombre que siempre le lleva pasado, fuertemente, el brazo a la mujer, por la cintura. «Ese hombre es un cartero. Mira como va y no le da pena». (Me indican que el cubanismo es debido a aque el hombre se pega a la mujer más que el sello de correo).

CARIDAD. *Casarse como Caridad.* Ponerse a vivir con un hombre sin casarse. «Esa, te lo digo, se casó como Caridad. (Esta basado en un poema negro, de tipo comico, de Francisco Vergara: «Se lo dije a Caridad,» en el que la protagonista vive en concubinato. Para Caridad, ver, también, *Picúo*.

CARIJO. *¡Ay carijo, le dijo la mona al hijo!* ¡Coño! — «Te sacaste la lotería. — ¡Ay carijo, le dijo la mona el hijo!». — «El hombre es homosexual». (Carijo es «carajo»).

CASA. *Gustarle a alguien más La casa de los tres kilos que «El Encanto».* Ser una persona de muy malos modales. «A Juana le gusta más la casa de los tres kilos que el Encanto». («El Encanto» era la tienda más lujosa de la Habana y de fama universal. «La casa de los tres kilos» era una tienda popular y de mercancía muy barata. De ahí el cubanismo). *Tener una casa de guano en la cabeza.* Estar calvo. «Ya yo tengo una casa de guano en la cabeza».

CASCAJO. *Esta bien, Cascajo.* Esta bueno de hacer de héroe. — «Yo me ha sacrificado por tí y los demas. —Esta bien, Cascajo». (Hay un cubanismo que dice: *fulano se cree (o es) el héroe de Cascajo.* Se refiere al que es muy patriota o se cree muy patriota. En fin al que toma posiciones heróicas o de héroe o cree tomarlas. «Cascajo» es una batalla cubana de la guerra de la Independencia. De ahí el cubanismo).

CASCOS. *Preferir alguien los cascos al flan.* Gustarle, a un hombre las mujeres sin belleza alguna. «A mi marido siempre le han preferido los cascos al flan». («Casco», en Cuba, es mujer sin belleza alguna).

CASTIGADOR. Ver *Lindoro.*

CASTILLO. Tipo de juego ilegal en Cuba que toma el nombre del banquero que le regenteaba. «¿Qué número salió en Castillo?».

CASTOR. *Ser un Castor Vispor.* Ser muy chistoso. «Juan es un castor vispo». (Castor Vispo fue uno de los grandes humoristas de la Cuba contemporánea). (Es un cubanismo de gente culta).

CATALINA. *Pararsele a alguien la catalina.* No poder decir nada más. «Estaba en el medio del discurso y se le paró la catalina». *Trabársele a alguien la catalina.* No entender algo. «Yo cuando llego a ese punto conflictivo de esa religión se me traba la catalina». 2.—Avanzar, hasta cierto punto alguien y no poder seguir adelante. «Yo la toque toda a Angélica pero cuando, quise llegar a cosas mayores se me trabó la catalina. Me despidió a cajas destempladas». 3.—No echar a andar algo. «Al negocio, desde un principio, se le trabó la catalina». 4.—Ir alguien por lana y salir trasquilado. «Trato de ganarme para el negocio pero como yo lo conocía se le trabó la catalina». Se aplica a múltiples situaciones. La conversación da el significado.

CATRE. *Quitarle la colchoneta al catre.* Destruir a alguien, derrotarlo. «Es se cree muy vivo pero le voy a quitar la colchoneta a su catre».

CATARRO. *Convertir un catarro en neumonía.* Darle importancia a una cosa que no la tiene. «Tu has convertido, con eso, un catarro en neumonía.»

CAZUELA. *Revuelve la cazuela que vas a coger raspa.* Métete conmigo y ya verás. «Yo se lo advertí para que no se llamara engaño y le dije: revuelve la cazuela que vas a coger raspa». (*La raspa* es lo que queda pegado al fondo de la cazuela).

CENTRAL. Ver *Mujer.*

CEPILLO. *Darle a alguien cepillo y en cualquier momento darle barniz.*

Haber tomado una media contra alguien y prepararse a tomarla de una forma drástica; definitiva». «Yo no se como se atreve si ayer le dí el cepillo y en cualquier momento le doy barniz». Sinónimo. *Aumentarle a alguien la parada.* (Implica también: «No te quejes porque te regaño que te voy a regañar más». «Callate muchacho. Acepta el castigo. Mira que te di cepillo y en cualquier momento te doy barniz». Sinónimo de este caso. *El mismo del anterior.*

CEPOTE. *Irse para el cepote.* Irse para el carajo. «Cuando se puso la cosa dura se fue para el cepote».

CEREBRO. *Tener alguien un cerebro almibarado.* Ser muy inteligente. «Sacó cien en matemáticas. No se puede negar que tiene un cerebro almibarado».

CICUTA. (La). Gente canallesca. «La nueva cicuta que gobierna ese país acaba con él». (Es lenguaje de exilio cubano).

CIGUEÑAL. *Tener una mujer un problema en el cigueñal.* No menear la cintura. «Esa mujer tiene un problema en el cigueñal. ¡Qué feo camina!»Sinónimo. *Tener una jicotea en la cintura.*

CINCO. *Coger un cinco.* Descansar. «Voy a coger un cinco». (Nuevo lenguaje en Cuba. Traido al exilio cubano por la gente que llegó en el exodo de Mariel). Sinónimo. *Coger un quinto.*

CINTURA. *Tener cintura de mono de circo.* Muy chiquitica. «Juana tiene cintura de mono de circo por eso es tan bonita».

CINTURON. *Pedir alguien cinturón de hebilla de oro.* Se dice del que alardea de lo que tiene. «Mira como habla. Esta pidiendo un cinturón de hebilla de oro». (En Cuba, en los establecimientos de ventas de víveres u otros alimentos, llamados bodegas, el dueño, «el bodeguero», era casí siempre español. En cuanto hacía dinero llevaba un cinturón con hebilla de oro. Para mostrar su status. De ahí el cubanismo que por otro lado no tiene ninguna connotación despreciativa).

CIRCO. *Estar alguien en la carpa del circo.* Estar en una situación indefinida. «Déjame ver si me asiento». Estoy en la carpa del circo. (Es decir, «trapecio arriba y trapecio abajo». De ahí el cubanismo).

CLARIDAD. *Buscar claridad.* Buscar que se resuelvan los problemas. «He hecho ofrendas a los dioses buscando claridad». (Es lenguaje de las religiones africanas que subsisten en Cuba).

CLOACA. *Ser alguien una cloaca.* Comer mucho. «Como no va a engordar si es una cloaca».

CLUB. *Ser un hombre de color del Club las Aguilas.* Ser de buena posición social. «El hombre de color ese es del Club las Aguilas». (El Club las Aguilas era un club de la gente de color en Cuba que tenía buena categoría social).

COCHINOS. *Tratar a alguien como los cochinos.* Halagarlo mucho con el fin de hacerle una trastada. «Ten cuidado. El no es buena gente y te esta tratando como los cochinos». (A los cochinos se les engorda para después matarlos. De ahí el cubanismo).

COHETES. «*Méteme dos cohetes a este gallo.*» «Echame dos pesos de gasolina». —Mira ahí está el que despacha.— Oye, méteme dos cohetes a este gallo». (Cohete es peso en cubanismo). *No volar alguien ni con cohete*. 1.—No servir para nada.» «No hay forma de sacar nada de él. No vuela ni con cohete». 2.—No perder la calma. «No lo sacas de sus casillas. No vuela ni con cohete.»

COIMA. *Cogerse alguien la coima*. Ganar en algo. «En ese negocio me cogí la coima». («Coima» es un cubanismo que quiere decir «dinero»).

COGIOCA. Malversación. «La cogioca en este gobierno es cosa seria». *El partido de la Cogioca*. Se dice de una organización política que se dedica a malversar en el poder. «Ese de que me hablas, es el partido de la cogioca». *Ser del partido de la cogioca*. Ser un malversador. Debería estar en la cárcel pues siempre ha sido del partido de la cogioca».

COJO. *El cojo es cojo aunque le cojan la pata e palo*. Equivale a: «La zorra pierde el rabo pero no pierde las costumbres». Yo no confío en él: «el cojo es cojo aunque le cojan la pata e palo».

COLA. *Tener detrás un hombre una cola de pato*. 1.—Tener melena. «Ese hombre tiene detrás una cola de pato». 2.—Ser muy rico. «Ese tiene detrás una cola de pato. Lo se de buena tinta». (El «cola de pato» es un automóvil de la marca «Cadillac»; es un auto de lujo. De ahí el cubanismo).

COLADA. (Una) Una tacita de café. «Dame una colada de café».

COLAGOGO. *Ser alguien un colagogo*. Ser muy pesado. «Ese amigo tuyo es un colagogo». Aplicado a una cosa quiere decir que es mala. «Este libro es un colagogo». Aplicado a ciertos casos particulares como a un escritor quiere decir que es muy malo. «Ese poeta, amigo tuyo, es un colagogo». (El que toma un colagogo tiene diarrea. El escrito del poeta es una diarrea es decir no sirve para nada. De ahí el cubanismo). *Tómate un colagogo*. Se le grita al que tiene mal humor. (Se basa el cubanismo en la creencia de que el mar humor proviene de un mal funcionamiento del hígado y como el colagogo es para curar el hígado surgió el cubanismo:» No te resisto con tus pesadeces «Tómate un colagogo.»

COLCHONETA. Ver *Catre*.

COLESTRE. Ver *colostro*.

COLOMBINA. *No llamen más gente que rompen la colombina*. Si se pasan del límite fracasan. «Yo creo que con lo que han hecho hoy ya está bien. No llamen más gente que rompen la colombina.» Se usa en muchas formas sobre todo indicando que algo va a dañarse por el exceso de gente: «Los Estados Unidos tiene mucha población. No se como admiten emigrantes. Si llaman más gente se rompe la colombina.» «Ya con la gente que tenemos en este club estamos completos. Sí llaman más gente se rompe la colombina.»

COLOSTRO. Leche impura «Esto es colostro». Hace daño. Sinónimo. Colestre.

COLLAR. Ver *Derecho: Ser algo como el derecho de nacer*.

COMANDO. *Entrarle a alguien como un comando*. Hacer algo enseguida, con decisión y sin miedo. «Le entro a Juana como un comando. Y ella le dijo que sí.» «Le entro al trabajo como un comando y ya lo terminó.»

COMEDERO. *Comer en cualquier comedero.* Ser soltero. «Juan come en cualquier comedero.»

COMEMIERDA. (Un). Un afectado. «Es un comemierda, mira como levanta la barbilla para nacerse el interesante.»

COMETA. *Vestir a alguien de cometa.* Echarlo a cajas destempladas. «El novio era un sinverguenza y ella lo vistió de cometa.»

COMIDA. *Pasarse la comida.* Comer rápido. «En un minuto te pasaste la comida.»

COMPANY. Ver *Cama.*

COMPAÑÍA. *La Compañía Internacional de Alimentos.* La agencia de inteligencia americana (CIA). El cubanismo es un eufemismo que sigue, como se ve las siglas CIA. (La Compañía Nacional de Alimentos, es en realidad, la Nestle).

COMPARSA. *Estar siempre en la comparsa.* Estar con cualquier situación. «Míralo que bien está. No tiene criterio. Siempre está en la comparsa.»

COMPLICADITA. *Las complicaditas.* Se le dice en el exilio a un grupo de mujeres que siempre andan juntas y tienen muchas complicaciones emocionales. «Por ahí vienen las complicaditas.»

COMUNIDAD. (La). Los cubanos exiliados son llamados así por el gobierno cubano y los cubanos de Cuba. «La comunidad hace muchos viajes a Cuba.»

CONCOMEO. Ver *Concorina.*

CONCORINA. *Que bueno está tú concorina para mi concomeo.* Estamos hecho el uno para el otro. (Se usa, casí siempre con connotacción sexual siendo «la concorina» el aparato sexual de la mujer y «el concomeo» el del hombre).

CONCHITA. *Ser una mujer conchita.* Ser muy fea. «A esa mujer yo no la enamoro porque es conchita». («La conchita», es una fabrica cubana de cascos de guayaba y «como una mujer fea es un casco» en cubano, de ahí, el cubanismo). (Surgió en el exilio).

CONDUCTOR. *Cobrador en un autobús.* «Ya le diste el dinero al conductor».

CONTADORA. Ver *Años.*

CONUCO. *Casa.* Mi conuco no es grande pero es confortable. (Es palabra de los indios cubanos).

CONVOY. *Vender en convoy.* Vender una mercancía mala acompañando a otro que tiene salida. «El vendió en convoy todo lo malo que tenía en el establecimiento.»

CORAL. Ver *niño.*

CORDELITO. *No amarrar (a nadie) con cordelito de botica.* No dominar a nadie. «Yo a mi marido no lo amarro con cordelito de botica. Si se quiere ir que se vaya». *No poder meterle a nadie ni el cordelito del paquete.* No poder engañar a nadie. «Es tan conocido que no puede meterle a nadie ni el cordelito del paquete». (*Meter un paquete* es, un cubanismo que significa, entre otras cosas, engañar. De ahí el cubanismo: ya no es que no «pueda meter un paquete; no puede engañar ni con una mínina cosa como es el cordelito»).

CORTA. *Ser alguien un corta y clava*. Se dice de una persona que sólo tienen nociones ligeras de cultura. Como le vas a hacer caso si es solo un corta y clava.

CORRALITO. *Estar siempre en el corralito*. 1.—Actuar como un niño. «El no cambia. Esta siempre en el corralito». 2.—Estar confinado en las funciones, que uno tiene que desarrollar en la acción. «Yo en esta compañía estoy siempre en el corralito».

CORREDORAS. *Tener muchas corredoras detrás*. Tener muchos enamorados. «Juana tiene muchas corredoras detrás». Sinónimo. «*Tener más corredores detrás que en las Olimpiadas.*»

COTORRA. *Amanecer alguien con la cotorra encendida*. Levantarse hablador. «Mi hermano está hoy intolerable. Se levantó con la cotorra encendida». *Reencarnar alguien con la cotorra*. Ser muy hablador. «Juana, tú hermano reencarnó en la cotorra. No para de hablar.»

COTORRÓN. *Dar un cotorrón*. Hablarle a alguien mucho hasta desesperarlo. Me dio un cotorrón que me tenía casi loco». Sinónimo *Dar una cotorra*.

CRÓNICA. *Disparar una crónica de Cofiñi*. Escribir algo muy cursi. «En esa novela disparaste una crónica de Cofiñi.» (Cofiñi un famoso crónista social, escribía muy cursi. De ahí el cubanismo).

CRUSELLAS. *Estar alguien con Crusellas anunciando pirey*. «Estar muerto.» «Mi pobre primo está con Crusellas anunciando pirey.» (Crusellas era una compañía de jabones y comésticos, detergentes, etc. de Cuba.) *Dar pirey* quiere decir matar. (Es cubanismo. De ahí el cubanismo).

CUARESMA. Ver *muchachos*.

CUBA. Ver País.

CUCÚN. *Hacer cucún*. Hacer caca. «Tengo ganas de hacer cucún.» (Es término eufemístico y además, para hacerse el gracioso el que tiene la necesidad).

CUCHARA. *Meterle mano a la cuchara*. Hacerse un aborto. Ayer fue al médico y le metió mano a la cuchara. Tenía tres meses.» (El cubanismo se refiere a que instrumento para hacer el aborto tiene forma de cuchara).

CUERAZO. *Fornicación* ¡Qué cuerazo ese! Sinónimo. *Cabillazo. Palo*. *Pódersele dar a una mujer un cuerazo*. No ser la mujer muy fea. «A esa mujer se le puede dar un cuerazo. Tiene algo bonito.» *Echar un cuerazo*. Acción de fornicar: «Ayer le eché un cuerazo a Manuela.» Sinónimo. *Echar un palo*.

CULEBRA. *Bailar la culebra*. Bailar inventando nuevos pasos. «¡Qué bien Juan baila la culebra!». Sinónimo. *Tirar pasillos*.

CULILLO. *Ser un culillo*. Se dice de una persona que quiere las cosas enseguida e insiste continuamente para que se las den o hagan. «Mi marido para todo, mi amiga, es como lo ves: un culillo.» Sinónimo. *Ser Pepe culillo*.

CULO. Ver *Tenería*. Ver *Pliegue*.

CULTURA. *Entrar alguien o estar en la cultura del sanguich.* No cocinar. «Yo desde que estoy en los Estados Unidos entré— o estoy— en la cultura del «sanguich.» (Cubanismo nacido en el exilio. «Sanguich» es la pronunciación cubana de «sandwich» o sea, emparedado).

CUNAGUA. Ver *Guajiro.*

CUPLETISTA. *Ser cupletista.* Se dice de la persona que tiene cara de sufrimiento. «Es cupletista, Rosa desde que nació. No la hagas caso.» (Se oyé mucho en el medio farandulero. Me explican que la que tiene cara de cupletista tiene, como dice la canción española: «clavada dos cruces en el monte del olvido.» Y de ahí el cubanismo).

CH

CHACA. *Estar alguien en la chaca*. Estar económicamente mal de situación. «Hace tanto tiempo que estoy en la chaca que ya me he acostumbrado.»

CHAMBELONA. *Sacar para la chambelona*. Ganar dinero para vivir modestamente. «En este oficio saco para la chambelona.»

CHAMBITA. *Tipo de guayabera pequeña*. «A mí me gusta usar estas chambitas.»

CHARANGA. *Ser en la comparsa charanga*. Ser un segundón en cualquier cosa. «Dile que no te haga cuento. Ese en la comparsa es charanga.» (*Comparsa*: Cubanismo que define a un grupo de bailadores que bailan en conjunto y que pertenecen a una cofradía o club social. Desfilan con sus trajes típicos, precedidos por un objeto típico: la farola, en los Carnavales Habaneros, representando barrios y clubes sociales. Tienen nombres típicos: «Las Boyeras»; «Los Dandy de Belen.» (Belen es un barrio de la Habana).

CHATINO. *Tener a alguien como un chatino*. Dominado. «Esa mujer tiene al marido como un chatino.» (El Chatino es una ruedita de plátano que se aplasta y después se cocina. Se le dice también: *platanitos aplastados a puñetazo*. De ahí el cubanismo.

CHENENE. *Ser alguien un chenene*. Ser un vago. «Tú hermano no para en ningún trabajo. Si es un chenene.»

CHEO. Ver *Lord*.

CHERNA. Ver *Ración*.

CHICHARRÓN. *Darle a alguien chicharrón*. Matarlo en la silla eléctrica. «A Pedro, por el crimen, le dierón chicharrón.» (Nacido en el exilio el cubanismo).

CHICHÍ. *Pegarse como un chichí*. Estar al lado de alguien contínuamente. No separársele ni un momento. «Desde que la conoció se le ha pegado como un chichí.» (El chichí es un animalito que se introduce en la piel y no se va).

CHICLE. *Pasarse la vida dos personas como el chicle*. Pasárselas juntos. «Ese matrimonio se pasa la vida como el chicle.» («El chicle,» «la goma de mascar,» se pega. De ahí el cubanismo).

CHINA. (La). Tipo de juego de azar en Cuba. «A las seis de la a tarde se saben los números que salieron en la china.» Ver, además, *Papel*. Ver *Lamparita*.

CHINARSE. *Chinarse el frío*. Aguantar el frío. «Me voy a chinar este frío.

D

DADO. *Estar un dado ya echado.* No poderse dar marcha atrás en una situación. «Ahí no hay nada que hacer. Eso es un dado ya echado».

DANTE. *Estar de dante.* De primero, de triunfador. A la cabeza de algo. «En este negocio yo estoy de dante». «Dante» es «bugarron,» en cubano. Y como éste da por culo, y el «dar por culo» es, en castizo, estar arriba; dominar la situación; estar a la cabeza, se originó el cubanismo).

DANZÓN. *Escribir alguien danzones.* Ser muy activo. «Mira como se mueve. Ese hombre escribe danzones». (El cubanismo se usa cómunmente en esta forma. Cuando alguien es muy activo se dice: «Ese debe escribir danzones». (Cuando la otra persona, con la que se habla pregunta, porque, se le contesta: «porque tiene un montuno que no para»). (El plural es lo más común aunque lo he oído repetidas veces en singular). Sinónimo. *Tener un montuno que no para.* (El montuno es tonada típica cubana).

DEDAL. *Un dedal de café.* Un poco de café. «Sírveme un dedal de café».

DELANTERA. *Darle a alguien la delantera.* (En el matrimonio referido a que un conyuge está más joven que el otro). «Oyé tú mujer te da delantera, Pedro.   Parece una niña».

DELICIAS. *No querer con alguien ni «Las delicias de Medina».* «Yo con ese no quiero ni las delicisa de Medina. No me gusta ese hombre Micaela». (El cubanismo se basa en el nombre de un café muy popular en Cuba: «Las delicias de Medina».

DEPURAR. Despedir del trabajo. «Lo depuraron en el trabajo». «Depúralo y que no venga más. No sabe trabajar». (El cubanismo se aplica a alguien, en cualquier forma, inclusive matando). «Hay que depurarlo. Vivo es un peligro». (Matar).

DERECHO. *Ser algo peor que el Derecho de nacer.* Ser muy largo. «Ese escrito es peor que el derecho de nacer». («El derecho de nacer» es una novela cubana muy larga). También «ser trágico». «Eso es como el derecho de nacer».

DESPOJO. Ver *Limpieza.* Ver *Babalao.*

DESTIMBALADO. *Estar destimbalado.* Estar muy cansado. «Estoy destimbalado de tanto trabajar». Se aplica a otros casos: «a estar mal de salud»: El médico lo reconoció y le dijo que está destimbalado». Asimismó, «no tener chance, oportunidad en algo». «En eso tú estás destimbalado. Ni te presentes al concurso».

DESTIMBALAR. Derrotar. «Lo destimbaló en el último momento».

DESTIMBALARSE. Perder. «Se destimbaló en esa jugada de bolsa».

DESTRONCADO. *Caer destroncado.* Caer rendido de cansancio. «Con tanto trabajo el pobre hombre cayo destroncado anoche».

DEVORAR. *Se la devoró o devorársela.* Se dice cuando se ve algo que no es usual. «Sabes que corrió dos millas en seis minutos. Se la devoró». «Contestó todas las preguntas del examen de trigonometría. Se la devoró». «Se quito los pantalones en medio del teatro. Se la devoró».

DIENTE. *Tener el diente pegado a la pared.* Estar con una mano de alante y otra de atrás: sin un centavo. «Desde que perdió el trabajo tiene el diente pegado a la pared». Sinónimos. *Estar comiéndose un cable. Estar comiéndose un cable con rueda y todo. Estar en la fuacata. Estar hecho tierra.* Ver, además, *Rueda.*

DINERO. *Ahí se cayó el dinero.* Frase que se usa cuando se ve a una mujer muy bella. «Mira que mujer viene por ahí— No me digas nada. Ahí se cayó el dinero».

DISCO. *Echar un disco a la vitrola.* «Buscar nuevos horizontes. «Me voy de este trabajo y voy a echar un disco a la vitrola». (Me han explicado, los que oi usando este cubanismo que como cuando uno echa un disco, antes de que este se toque, la vitrola hace muchos movimientos, es decir pasa un rato desde que se pone el dinero a que se toca, eso es un nuevo horizonte). *Imprimir discos.* Lavar platos. «¡Como hay que imprimir discos en este trabajo!» (Los discos tiene plato. De ahí el cubanismo. Es cubanismo del exilio). *Soltar todos los días un disco de oro.* Triunfar continuamente. «Esa empresa suelta ha dos los días, un Disco de oro». Para *Disco,* ver, así mismo, *Persona.*

DISIDENTE. *Tu eres disidente o mal oliente?* Este cubanismo surgió con motivo de los «Congresos de Intelectuales cubanos llamados disidentes,» en el exilio. Han sido muy atacados y entre los intelectuales que los rechazan surgió el cubanismo como ataque): «—Ese estuvo en el Congreso de Washington» — «Y ¿qué es: disidente o mal oliente?»

DISPARADO. *Estar disparado.* Tener muchas ganas de practicar el coito. «Vete a buscar una mujer. Hoy estás disparado».

DOCTOR. *Ese es el Dr. Chold de mi vida.* «Ese es el que me mantiene» (El cubanismo, de tipo jocoso, es del exilio. El Dr. Shold vende soporte. Por lo tanto es el soporte de la vida de la persona según el cubanismo es el que la mantiene. El cubano pronuncia «Chold»).

DONERA. (La). Lugar donde venden rosquillas. «Vamos a la donera a comer algo». (Es cubanismo del exilio). (Viene de la palabra inglesa «donuts»: rosquillas).

DOMINÓ. *Yo en el dominó me viro.* Estar presto a repeler la amenaza. Frase que se usa contra alguien que amenaza. «Deja de amenazarme. Que yo en el dominó me viro».

DRÁCULA. *Llegar como Drácula.* Llegar alguien con el fin de adueñarse de todo. «Hubo que echarlo de la compañía. Llego como Drácula. Ya quería ser presidente». «Tuve que separarlo del negocio porque llego a él como Drácula. Ya maniobraba para quitármelo». (Es decir llegar con los dientes afilados). (Drácula tiene de los dientes afilados).

DUEÑA. *Ser la duena de los caballitos y montar a alguien en el tío vivo.* Poder disponer de alguien cuando se quiere. «El hombre no trabaja, y yo le dije: aquí yo soy la dueña de los caballitos y te montó en el tío vivo. Y lo despedí».

DULCES. *Hay dulces para todos.* (Este cubanismo se originó en tiempo de la presidencia del Dr. Ramón Grau San Martín quien dijo que en su gobierno todo el mundo disfrutaría de sus beneficios. Se amplió su significado a muchas situaciones. Por ejemplo: el que mata a un enemigo y sus compañeros quieren matar más personas puede decirles: «no se preocupen, que hay dulces para todos, no se precepiten». Y si en una casa están sacando los latons de basura y un niño pequeño quiere ayudar pero no encuentra que hay uno disponible la madre, puede decirle: «No te preocupes que hay dulces para todos,» o sea «ya podrás ayudar en otra casa en el futuro».

DURAZEL. *Decirle a alguien Durazel.* Se dice de alguien que no envejece. «A esa mujer le dicen Durazel» («Durazel» son una pilas que siempre funcionan. No se echan a perder. De ahí el cubanismo). (Es cubanismo del exilio).

DURO. *Estar la cosa como jugar al duro sin guantes.* Estar la cosa mala. «—¿Cómo esta la economía en Estados Unidos»? — «La cosa está como jugar al duro sin guantes». *Duro.* Ver *Careta*.

E

EASTERN. *Poner a alguien en la Istern y volando.* Destruirlo. «Yo te voy a poner, a tí, en la Istern volando». (Forma en que el cubano pronuncia Easter, la companía de aviación). (El cubanismo nació en el exilio y tiene relación con el secuestro de aviones a Cuba. Es decir te voy a mandar para Cuba para que te fusilen. De ahí el cubanismo).

ELÍXIR. *Ser algo como el elíxir peregrino.* Ser algo que llega a cuenta gotas. «Esa novela es como el elíxir peregrino». (Se aplica a los que hablan lentamente y dejando mucha pausa entre palabra y palabra: «Tú hermano es como el Elíxir Peregrino». Sinónimo. *Ser pepsicola*. En cuba le dicen «pepsicola» al que habla con pausas porque el refresco «pepsicola» tenía de lema: «la pausa que refresca».

EMBALAO. Estar alguien «embalao». Estar bajo los efectos de la marihuana. «Juan está embalao. Fumo un cigarro de marihuana. Sinónimo. *Estar grifo*. («Embalao es «embalado». El cubano pronuncia «embalao»).

EMBARRETINARSE. *Complicarse.* «Para de coger trabajo. No se porque te embarretinas con esas cosas».

EMILIANO. Ver *Producto*.

ENANITO. Ver *Blanca*.

ENCABRONADO. *Tener el pelo encabronado.* Tener el pelo muy despeinado. «Siempre tienes el pelo encabronado». Sinónimo. *Tener el pelo endiablinado. Tener un pelo encabronado.* Tener un pelo muy bueno. «La verdad que tienes un pelo encabronado». *Tener la mente encabronada.* Puede ser pensar cosas malas o imaginar cosas o ser muy inteligente. La conversación da el significado. «Siempre desconfiando porque tiene, la mente encabronada». (Piensa cosas malas). «¡Qué poema subrealista! ¡Tiene la mente encabronada!» (Tiene imaginación). «Resolvió el teorema. Tiene la mente encabronada». (Es inteligente).

ENCAJILLO. *Darle a alguien el encajillo.* Darle una oportunidad, «Yo le di el encajillo. Por eso llegó tan alto».

ENCUERUZA. *Esa mujer esta encueruza.* Se dice de la mujer que se le ve mucho cuerpo porque esta ligera de ropa. «No te permito que salgas a la calle, encueruza».

ENCHUCHADO. *Estar enchuchado.* Tener una prebenda. «Esta enchuchado en el gobierno». (Enchuchado es termino ferroviario. Consiste en conectar un chucho a la luz eléctrica; al enchufe).

ENFERMEDAD. *Ser una mujer una enfermedad.* Tener un gran cuerpo. «Esa mujer es una enfermedad».

ENFERMITA. *Ser una mujer una enfermita.* Gustarle mucho el hacer actos no usuales en el acto sexual. «Basta verle la cara para darse cuenta de que es una enfermita». Se dice también del hombre: *Es un enfermito.*

ENFERMITO. Ver *Enfermita.*

ENGATILLADO. *Estar alguien engatillado.* Tener un deseo sexual muy fuerte. «Yo estoy engatillado. Tengo que salir a buscar una mujer».

ENHIERRADO. *Estar enhierrado.* Portar un arma. «Ten mucho cuidado como hablas con él que esta enhierrado».

ENTERO (A). *Estar un hombre o una mujer enteros.* Ser muy buenos tipos. «Pedro esta entero». «Me enamoré de Juanita en cuanto la vi porque está entera».

ENTOYADO. Perdedor. «Siempre en toda contienda es un entoyado».

ENTRETENERSE. *Conmigo te entretienes pero no juegues.* No te propases que te va a costar caro. «Déjalo, él sabe hasta donde ir. Conmigo te entretienes pero no juegas».

ENVOLVENCIA. *¿En que envolvencia estás?* ¿En qué estás? (Lenguaje traido al exilio por la gente que llegó por el puente marítimo: Mariel Habana). *Ser algo una envolvencia diferente.* Ser una cosa diferente. «Eso no le puedes entrar así. Eso es una envolvencia diferente». (Lenguaje cubano de hoy en Cuba llevado a Miami por los arribados de Mariel, en el puente marítimo: Mariel-Cayo Hueso, de 1980). Sinónimo. *Ser una bolada distinta.*

EQUIPO. *Ser alguien un equipo de demolición.* Se dice de la persona muy activa. «No lo soporto en la casa. Como se mueve. Es un equipo de demolición».

ESCAPARATE. *Ser una mujer escaparate de tres lunas.* Ser una mujer fea y con un cuerpo grande. «Esa mujer es un escaparate de tres lunas».

ESCRÚDRIVER. *Hacerle un escrúdriver a una mujer.* Succionarle el clítoris a una mujer. «Es una asquerosidad hacerle un escrúdriver a una mujer». (Es cubanismo del exilio. El «Screwdriver» que el cubano pronuncia «escrúdriver» es un «destornillador».

ESLOGAN. *Ser alguien como el eslogan.* «No me pudo ganar en nada porque conmigo hay que ser como el eslogan. El «Slogan» que el cubano pronuncia «eslogan» es: Competir con calidad.

ESO. *Tener una «Eso Estandar» particular.* Gustarle las mujeres de color a un hombre. «Yo te digo que cada cubano tiene una «Eso Standar» particular». (El cubano, a la companía, «Esso Standard Oil», la pronuncia «Eso Estandar». El cubanismo viene del hecho de que existe otro que es «quemar petróleo» o sea acostarse con mujeres de color y como la «Esso Standard Oil quema petróleo surgió por asociación el cubanismo: «tener una «Eso Estandar» particular»).

ESPARTILLO. *Cuando el espartillo me llegue a los cojones.* Nunca. «Tú podrás volver a ser mi socio en este negocio cuando el espartillo me llegue a los cojones». «Eso sucederá cuando el espartillo me llegue a los cojones». Sinónimo: *Cuando la rana críe pelos.* (El espartillo no crece alto. De ahí el cubanismo).

ESPEJUELOS. *Querer a alguien con espejuelos.* Quererlo a medias. «Yo quiero a Juan, te lo confieso, con espejuelos».

ESPIGÓN. Mucho. «Ahí hay un espigón. Quita un poco de café». (Es término marinero).

ESPINILLAS. *Sacarle a alguien las espinillas de las nalgas.* Mimarlo mucho. «Yo a mi hijo hasta le saqué las espinillas de las nalgas. Por eso salió tan falto de carácter».

ESPIRITISMO. *Cogerle a alguien el espiritismo.* Saber sus técnicas. «Creyó que me iba a engañar pero le cogí el espiritismo».

ESPIRITISTA. *No poder ser alguien espiritista.* 1.—Ser una persona estúpida. «Ese no podía ser espiritista. Se veía desde niño». (Se basa el cubanismo en que el espiritista tiene, se dice en Cuba: «luz y progreso. Los hermanos espiritistas se despiden así: luz y progreso, hermano». El que no tiene luces es estúpido. De ahí el cubanismo). 2.—No poder predecir el futuro. «Chica, cómo yo te voy a contestar éso; y no soy espiritista».

ESPIRITUALES. Ver *Problemas.*

ESPOLON. *Espolón de gallo.* Tipo de callo en la planta, del pie. «Cómo me molesta ese espolón de gallo. Voy a ver al quiropedista».

ESTÓMAGO. *Sentirse el estómago como si uno se hubiera tragado una piedra de carburo.* Sentirse mucha acidez. «Me siento el estómago como si uno se hubiera tragado una piedra de carburo». (Cubanismo de origen campesino).

F

FA. Ver *Carne*.

FACUNDO. *Estar claro Facundo y Ver les cosas claras*. «Viste que cantidad de muertos en el terremoto. Facundo estába claro». (Este cubanismo se ha popularizado en Miami con motivo del terremoto de Nicaragua. Facundo es el personaje de una canción cubana y en la canción dice que la tierra va a temblar. De ahí el cubanismo).

FACHO. *Hacer un facho de combatimento*. Hacer un robo con fractura. «Ese hizo un facho de combatimento». (Se oye entre universitarios del ayer cubano. El facho de combatimento eran grupos fascistas de Mussolini. En cubano hacer un *facho* es frase del chuchero. (Ver tomo I de esté diccionario. Es voz chuchera y quiere decir «robar», «de combatimento» da el aumentativo: con fractura).

FANGO. *Si no hay fango no hace barro*. Si no se trabaja no se gana dinero. «Chico, si no hay fango no hace barro». (El cubanismo se aplica a múltiples situaciones. Equivale, igualmente, al castizo, lo que natura no da, Salamanca no otorga... «No puede tocar el violín. Si no hay fango no hace barro».

FATAL. *Ser fatal*. Tener mala suerte. «Juan volvió a romperse la clavícula. Es un fatal!».

FATALIDAD. No puede ser. «Dama cinco pesos. — Fatalidad viejo».

FEÍTO. *Te llevo de ito en ito como Cabezón a Feíto*. Te quiero. «Yo a tí te llevo de ito en ito como Cabezón a Feíto». (En Cuba había una ferretería muy importante la de «Feíto y Cabezón». El cubanismo le ha puesto al apellido Feíto un acento y lo ha convertido en Feító). Sinónimo: *Te llevo de rama en rama como Tarzán lleva a Juana.*

FENIX. Ver *Ave*.

FEODORO. *Ser un feodoro*. Ser muy feo. «Antonio es un feodoro».

FERDINANDO. *Ser Ferdinando el toro*. Ser homosexual. «Desde que lo vi me di cuenta de que es como Ferdinando el toro». (El cubanismo viene de una película de W. Disney en que el «toro Ferdinando» cuando vio las flores del torero empezó a olerlas y besarlas en vez de embestir).

FERIA. *Estar en la feria de las flores*. Darse un baño de rosas. «Con lo que le dijeron de la mujer está en la feria de las flores». («La feria de las flores» es el título de una película de Jorge Negrete. De ella cogió el cubanismo el nombre; ya apenas se oye. Ver además, Mula.

FERRETERÍA. *Tener algo, la ferretería completa.* Tener todo lo que lleva. «Ese arroz con pollo tiene la ferretería completa». Sinónimo: *Tener todos los hierros.*

FICHA. *Ser alguien para alguien ficha de dominó.* Dominarlo. «Ese es para mi ficha de dominó». (El marido es para ella ficha de dominó). (La ficha de dominó se pone donde uno quiere. De ahí el cubanismo).

FIESTA. *Estar de fiesta con los galanes.* Estar dándose mucho gusto. «En ese trabajo que tiene ahora está de fiesta con los galanes». (Cubanismo nacido en el exilio. Toma el nombre de un programa de televisión: «De Fiesta con los galanes»).

FIGURAO. *Gustarle a alguien el figurao.* Gustarle el figurar. «A Pedro le gusta mucho el figurao».

FINQUERO. Se dice del que le gusta el trabajo de la finca. «En hay quien lo saque de allí. Es un finquero».

FIÑIO. *Estar fiñío.* Ser delgado. «Es un nino fiñio». *Ser fiñio.* Ser tacaño. «No suelta un centavo, es un fiñio».

FINOSO. Niño. «No le hagas caso no ves que es un fiñoso». (Adjetivo proveniente de fiñe: niño. Ver «fiñe» en el tono primero de este diccionario).

FLAI. *De flai.* Rapidamente. «Lo metí en el asilo de flai». (Un «flai» es una palabra del juego de pelota) «baseball»: (Fly), que el cubano usa en este caso y pronuncia en la forma que se ha excrito): FLAI. *Salir algo de flai.* Salir mal. «Ese examen me salio de flai». (Viene del termino beisbolero del inglés: *Fly*. El cubano pronuncia «*flai*»). (Casí todos los «flies» en el juego de pelota son batazos cogibles. De ahí el cubanismo).

FLORA. *Anota flora y pita camión.* Se usa en el sentido de envejecimiento en frases como: «Las americanas hasta los veintiuno estan muy bien. Despúes, anota flora y pita camión». *Tener todo listo de anota flora pero cualquier día pita camión.* Se le dice a una persona que se cree muy segura en algo para decirle que cree que tiene algo bajo control pero que ya verá como se le derrota en el futuro. «El se cree invulnerable. Lo tiene todo listo de anota flora pero cualquier día pita camión». (Se basa en el dicho cubano «Anota flora y pita camión». El cubanismo nació con una portada del Semanario cómico Zig Zag).

FLORO. *Ser floro.* Se dice de alguien que anota mucho. «Ese hombre es floro». (Viene del cubanismo— verlo en el tomo I — que dice: *Anota flora y pita camión.*

FOGÓN. *Creerse que alguien es fogón.* Mortificar a alguien con el fin de ponerlo de mal humor. «Lo hace adrede. Se cree que yo soy fogón». (Como al fogón se le calienta, de ahí el cubanismo). 2.—Excitar el líbido del hombre una mujer. «Me toca porque se cree que yo soy fogón. Pero ella no me gusta». *Para quemarse hay que acercarse al fogón.* Para triunfar hay que arriesgarse. «Yo logré hacer una fortuna porque siempre supe que para quemarse hay que acercarse al fogón».

MOFORUMBALE. *Darle a alguien moforumbale.* Elogiarlo. «A ese le dan siempre por sus libros, mucho moforumbale». (Es palabra africana llevada a Cuba que quiere decir: «reverencia»). (Procede de las religiones africanas vigentes en Cuba).

FOSFORITO. *Ser alguien un fosforito.* Persona que responde a la primera provocación. «Ten mucho cuidado porque es un fosforito». (Al fósforo cuando lo raya se enciende. «Encenderse» es ponerse bravo en cubano. De ahí el cubanismo).

FOSFORERA. Ver *Chispa.*

FOSFORO. Ver *Mecha.*

FRIJOL. *Frijol de carita.* Variedad de frijol negro. «Quiero hoy, comprar, frijol de carita». (El frijol parece una cara: de ahí el cubanismo).

FRÍO. *Estar alguien frío como un pescado.* Estar muerto. «Cuando lo encontraron estaba frío como un pescado». *«Si tienes frío cómprate un oso y echátelo arriba».* Se le dice al que tiene frío. «Mira que eres friolento. Si tienes tanto frío cómprate un oso y échatelo arriba». (Cubanismo del exilio).

FRUTABOMBA. (La). El sexo de la mujer. Sinónimo: *Bollo, Cosita, «Masterchar» (De la voz inglesa, «Mastercharge»), Papaya.*

FU. Ver *Carne.*

FUACATA. *Dar fuácata a la lata.* Se dice la acción de una mujer que se acuesta con cualquier hombre. «Esa mujer cuando joven la daba fuácata a la lata». *Sonar cuatro fuácatas a alguien.* Tirarle cuatro tiros. «Me salvé de milagro porque me sonaron cuatro fuácatas».

FUEGO. *Fuego a la Maya y al Tinguao.* Se dice cuando una mujer quema al amante. «Le dio fuego a la Maya y al Tinguao. Le hecharon treinta años». (En Cuba eran muy comunes los crímenes pasionales. De ahí el cubanismo).

FUERA. *Estar alguien fuera.* No estar en el quid de la cosa. «En eso que dices estás fuera».

FUETAZO. *Meter un fuetazo.* Meter un cheque sin fondo. Yo lo sabía. Termino por meter un fuetazo a Antonio. El banco devolvió el cheque».

FUÑIR. *La fuñió.* ¡La jodió! Frase que se dice cuando alguien hace una cosa loca. «Se fue Juanita con el novio. La fuñio».

FUSIBLES. Ver *Caja.*

G

GALLEGO. *¿Como se puede vivir con un gallego veinte años y no saber que come aceitunas?* Como no se va a conocer a una persona con la que se ha vivido muchos años. «Yo no sé como pudo hacerte eso. Como se puede vivir con un gallego veinte años y no saber que come aceitunas? Es culpa tuya». (Es cubanismo de gente culta). *Mira si los gallegos son brutos que al pan le dicen bollo.* Chiste sin bilis sobre los españoles en Cuba; sólo para hacer reir. (En Cuba a los españoles se les dice «gallegos». Bollo es el aparato sexual de la mujer en Cuba. De ahí el cubanismo). *Ponerse como un gallego de almacén.* Ponerse gordo. «En unos meses se ha puesto como un gallego de almacén. (Muchos españoles en Cuba— gallegos— eran gruesos. Tenían almacenes en Cuba. Se veían frente a ellos vigilando al público. Por ser estos almacenistas gruesos se creó el cubanismo).

GALLETA. *Emular a la galleta Única.* Darle un galletazo a una persona. «Ese hombre me molesto tantó que emulé a la galleta Única». («La Galleta Única» era una marca de galleta que había en Cuba).

GALLO. *Oye gallo.* Oye amigo; oyé tú. «Oyé gallo, vamos al cine». *Ser alguien chiquitico como un gallo y cargar como un caballo.* 1.—Engañar con las apariencias. «Cuidate de él. Es capaz de todo. Es chiquitico como un gallo y carga como un mulo». 2.—Ser muy fuerte. «El ganará esta carrera; es chiquitico como un gallo pero carga como un mulo». Para más de *Gallo* ver *Espolón*.

GALLINA. *Poner más que una gallina.* Hacer mucho. «En eso de los libros tu pones más que una gallina».

GANGUERA. Ver *Polaca*.

GANSTER. *Ser alguien como los gansters.* Ser alguien que tiene siempre una coartada, que se cubre». «A mi marido es muy dificil sorprenderlo porque es como los gansters». (Es cubanismo del exilio. El cubano pronuncia «ganster» la voz inglesa «gangster»: pandillero).

GARDEL. *Ser alguien Gardel.* Vivir de los recuerdos. «Antonio, el pobrecito, ¡cómo sufre!, es Gardel».

GARRAPATA. *Engancharse como la garrapata al perro.* No soltar algo. «Se ha enganchado a ese puesto como la garrapata al perro. No renuncia por nada. 2.—Estar tan enamorado de una mujer que se esta siempre al lado de ella. «Esta con Lola enganchado como la garrapata al perro». Sinónimo de este último caso: *Ser un chichi*.

GATO. (El). El aparató gexual de la mujer. Sinónimos: El *Bollo*, el *Chocho:* *La Frutabomba;* la *Papaya;* el *Pajarito*, el *Masterchar*. (De la voz inglesa «Mastercharge»). *Al gato hay que darle piltrafa.* Hay que darle a cada cual por la vena del gusto. «Yo lo tengo dominado. No ves que lo conozco y al gato hay que darle piltrafa». *Parecer alguien un gato abandonado en un placer.* Tener un aspecto muy lamentable. «Chico, ¿qué te pasa? Pareces un gato abandonado en un placer». *Tener una mujer un gato persa.* Tener un aparato sexual muy peludo y sedoso. «Ella no es bonita Juan, ¡pero tiene un gato persa!». *Tener el gato siempre bien engrasado.* Estar una mujer siempre lista para fornicar. «Las queridas siempre tienen el gato engrasado».

GATILLO. *Pegársele a alguien el dedo al gatillo.* No cesar de disparar. «Le metio seis balazos. Se le pegó el dedo al gatillo».

GERVASIO. *Tener Gervasio y Belascoaín.* Ser alguien muy bueno. «Ese muchacho tiene Gervasio y Belascoain». (Gervasio y Belascoaín son calles de la Habana. El cubanismo usa principalmente, cuando alguien dice: «Pedro tiene virtudes»—calle, también de la Habana. Se le contesta: ¡Qué va! El tiene Gervasio y Belascoaín).

GITANO. *Portarse como el gitano.* Portarse muy bien una persona con otra haciéndole regalos, etc. «Juan se porta conmigo como el gitano». (Se oye entre profesores de literatura. Alude al poema de Federico García Lorca «La Casada Infiel» y a la expresión: «un gitano señorio» muy popularizada en Cuba por las canciones españolas).

GLOBO. Líder inflado. «El Globo de los Estados Unidos en Miami fue Juan Fernández». *Publicar algo en el globo de la «Gudyiar».* Lanzar una noticia a los cuatro vientos. «Que yo vivo con María lo han publicado en el globo de la «Gudyiar». (En Miami, la compañía americana de gomas «Good Year» — el cubano pronuncia gudyiar — tiene un dirigible que recorre los cielos de la ciudad y lleva el nombre de «Good Year». Es una forma de anunciar la compañía. De ahí el cubanismo nacido en el exilio). *Vender a alguien de globo.* Ser alguien muy gordo, «A Juan yo lo vendo como globo y saco dinero».

GOMA. *Convertirse en goma.* 1.—Pegarse a alguien o algo para conseguir un fin. «Con ese expediente me convertí en goma hasta que lo resolví. 2.—Se dice de la mujer que no deja un momento solo al marido. «Esa mujer con Pedro se ha convertido en goma. Sinónimo: *Ser un arete, una persona. Ser una perseguidora.*

GOZADORA. Mujer que le gusta el acto sexual. «Esa mujer es una gozadora». *Tener cara de gozadora.* Tener cara de mujer que le gusta lo sexual. «Esa mujer, que se mudó enfrente, tiene cara de gozadora».

GOZON. *Gozador.* «Juan es muy gozón. Como se divierte».

GRACIAS. *No me hagas más gracias que tú no eres mono.* No me hagas gracias. «Mira Juan, no me hagas gracias que tú no eres mono».

GRANO. *Sacarle la espinilla al grano.* Decir la verdad. «Yo no me ande con chiquitas y le saqué la espinilla al grano. Y la que se formó».

GRATILANDIA. *Coger algo de gratilandia.* Cogerlo gratis. «Chico, esto vale dinero y tu quieres cogerlo de gratilandia. No puede ser». (Es cubanismo del exilio).

GRILLO. *Ser un grillo* Se dice del que se pone de pronto de mal humor. «Cuidado con él, que es un grillo». (El que se pone de mal humor salta, y como el grillo salta, se originó el cubanismo).

GROCERI. *Ser una mujer como los groceris*. Tener dos maridos. «Juana es como los groceris. ¡Qué mala mujer»! (El «grocery es una tienda de venta de comestibles. Es palabra inglesa, Aquí, en el exilio, los «groceris» cubanos tienen cadenas: «Varadero Uno»; Varadero Dos». De ahí el cubanismo).

GUABINA. *Ser guabina*. Ser alguien escurridizo. «Nunca sabes a que atenerte con el porque es guabina».

GUANAJA. *Estar alguien echado como una guanaja*. Estar cansado. «Juan esta echado como una guanaja».

GUAJASANES. Vagos. «En esta companía hay muchos guajasanes».

GUAJIRO. *Llego el guajiro de Cunagua*. Llego el que faltaba. «Mira quien viene por ahí. Llegó el guajiro de Cunagua». (El cubanismo está tomado de una canción que cantaba un famoso cantante cubano: Abelardo Barroso). (También el más inteligente: «Todo en esa oficina estaba mal hasta que llegó el guajiro de Cunaguas).

GUÁMPARA (La). El révolver. «Me tiro con una guámpara nueva, que llevaba debajo de la camisa».

GUANAJERÍAS. Tonterías. «Yo no aguanto las guanajerías esas».

GUANAJERO. Tonto. «No seas guanajero. Yo sé como son las cosas».

GUANAJONA. *Ser una mujer guanajona*. Ser media boba, ser media tonta. «Ese muchacha es una guanajona. No se da cuenta de nada». (Se dice, igualmente, de la mujer que esta criada en la casa muy estrictamente y no tiene mucha malicia).

GUANO. Ver *Cabeza*.

GUARACHERA. Persona alegre. «Juana siempre está para el paso: es muy guarachera».

GUARACHITA. *Tener que tocarle a alguien la guarachita*. Tener alguien que ser controlado. «Yo no voy a hablar si no le tocan a Juan la guarachita». (El cubanismo se refiere a una guarachita—tipo de música cubana—que dice: «Amarren al loco si no yo no toco»).

GUARDADO. *Estar alguien guardado*. Estar preso. «Hace días que la policia tiene a Pedro guardado».

GUARINÉ. *Tener alguien guariné*. Estar sumamente enamorado en forma tal que no puede vivir sin la mujer. «Tú hermano, con Lola, tiene guariné».

GUASASA. *Ser alguien una guasasa*. Ser un impertinente. «Mi hermanito es, el pobrecito, una guasasa». (La guasasa es un insecto que infecta las playas por las tardes cuando no hay brisa. Es molestísimo). (De ahí el cubanismo). Para más sobre guasasa ver *Polilla*.

GUELFARGO. *Tener un «guelfargo» en la mano*. Tener algo muy bueno: mujer; negocio; etc. La conversación da a lo que se refiere. «Desde que me casé tengo un guelfargo en la mano». (Felicidad). «Desde que me

establecí en la venta de caramelos tengo un guelfargo en la mano».
(Ganó dinero). (La «Wells Fargo» es una compañía americana que
transporta dinero. Es la más famosa de Estados Unidos. El cubanismo
se basa en ella). (Es cubanismo del exilio). (El cubano pronuncia
«guelfargo»).

GUERRILLERO. *Ser guerrillero*. Ser un cubano que no es patriota. «No te
fíes de él, es un guerrillero». También cubano malo. «Es un guerrillero,
En los negocios no tengo tratos con él». También delator. «Es un
guerillero malo por eso lo denuncio a la policía». («Guerillero» en tiempos de la guerra contra españa era el cubano que se unía a las fuerzas
españolas).

GUINGARRA. Grupo de personas. «En la esquina había una guingarra».

GÜIRA. *Ser alguien una güira seca*. Tener un carácter muy seco. «Juan es una
güira seca». (Se aplica a la persona que no se ríe o·que no da cariño.
Estar como una güira seca. Estar una mujer muy arrugada. «Fue bonita
de joven, pero ahora esta como una güira seca».

GUITE. *Morirse guite*. Morirse muchas personas al mismo tiempo. «Están comiendo ustedes eso? Se van a morir guite».

GUIZOLINA. *Dar guizolina a la primera de cambio*. Matar en cuanto se
presenta la ocasión. «Le dio guizolina a la primera de cambio. Pero
cogió la policía». Sinónimo: *Dar guizo. Dar matica de café*.

H

HAMACA. *Ser alguien un pudre hamaca.* Ser un vago. «El no sirve para nada. Es un pudre hamaca». (Voz Campesina).

HARINA. Ver *Calidad.*

HEBILLA. Ver *Cinturon.*

HEMORRAGIA. *Hemorragia de satisfacción.* Dar algo un gusto extremo. «Conocerlo fue una hemorragia de satisfacción». También lo he oido en el sentido de recibir mucho dinero. «Me mandó una hemorragia de satisfacción y compré una casa».

HIERRO. *Mantener el hierro inhiesto,* Mantener el pene erecto. «Durante todo el tiempo mantuve el hierro inhiesto». (Cubanismo de gente culta). Sinónimo. *Mantener la bandera en alto. Poner algo, mohoso el hierro.* Afectar algo la virilidad sexual. «Las píldoras, contra la presión ponen mohoso el hierro». Para *Hierro* ver, también, *Burujon.*

HIGADO. Ver *Yab.*

HIJO. Ver Antonio. Yaguas. Carijo.

HILO. *Al hilo.* Seguido. «El equipo gano quince juegos al hilo». Sinónimo: *a la jila.*

HIT. *Haber un hit pareid.* Haber un lío. «Ahí hay un «hit parade». (El cubano pronuncia así: «parade» voz inglesa que quiere decir «desfile»). *Formarse un lío.* (Lo he oído en el exilio siempre igual). «Ahí va a formarse un «hit pareid». «Juana qué tu crees de lo de Iran?» — Que ahí va a formarse un hit pareid». (El «Hit Parade» es un programa americano con las canciones que estan más de moda). *Ponerle a alguien un hit pareid del cuarenta.* Sacarle cosas de atrás. «Como se postule le voy a poner un «hit pareid» del cuarenta». Es cubanismo del exilio. El cubano pronuncia «hit parade», voz inglesa, «hit parei». El «hit parade» es un programa americano donde se tocan las canciones más populares). (Como se ha dicho).

HOCICO. *Meter el hocico.* Fisgonear. «Ya te he dicho que no quería que metas el hocico en nada».

HOMOSEXUAL. *No ser homosexual sino mariconazo.* Se le contesta al que dice, que alguien que uno sabe que lo es, no es homosexual. «Juan no es homosexual, yo creo. —Tú tienes razón: no es homosexual sino mariconazo».

HORAS. *Necesitar alguien muchas horas de vuelo.* Necesitar experiencia. «Para ser cerrajero se necesitan muchas horas de vuelo».

HUECO. *Estar hueco como dágame «pa» colmena.* 1.—Ser hipocrita. «Ese esta hueco como dagame «pa» colmena». (El dágame es un arbol que se pone hueco y de él los campesinos cogen la madera para colmena). 2.—Estar tuberculoso «Fue al médico y está como dágame «pa» colmena». Se usa en varias formas dando la conversación el significado. *Tener un hueco en el tanque.* Estar alguien cansado por haber trabajado mucho. «No me puedes ajetrear porque tengo un hueco en el tanque».

HUMO. Ver *Bola*.

I

INDIO. *Ponerse el indio bravo.* Se dice cuando el sol se pone muy fuerte. «Voy a cubrirme la cabeza porque el indio se esta poniendo bravo. A esta hora el indio siempre, aquí se pone bravo». *Tener alguien la intríngulis del indio.* Ser complicado. «Ese tiene la intríngulis del indio». (Cubanismo que se oye solamente entre gente culta). Sinónimo. *Ser alguien un complicadito.*

INDISCRETO. *Ser un indiscreto comiendo.* Se dice del que come mucho. «Ese hombre es más que un glotón. Es un indiscreto comiendo».

INDIVIDUO. *Ser alguien un individuo chinche.* Se dice del que hace trabajar, a los demás, hasta el agotamiento; que les saca el alma trabajando. «Yo no trabajo con él. Es un individuo chinche». (La el chinche chupa la sangre. De ahí el cubanismo). 2.—Se dice del que se pasa la vida cogiendo dinero a éste y al otro, dinero que no devuelve, para vivir sin trabajar. Lo que en castizo es un picador. Es decir que vive de la picada. «Es un picador. Es un individuo chinche. Siempre pidiendo dinero. ¡Vago!»

INFINITO. *Que se quede el infinito sin estrellas.* «No me importa que después de esto se acabe el mundo. A pesar de él lo yo voy a gritar «que se quede el infinito sin estrellas». (Es la letra de una canción).

INGLES. Ver *Lord.*

ILE. (El) La casa. «Me voy para el Ile (Voz africana). Sinónimo. El *Gao.*

INTERNAL. *Pedir más que el «internal réveniu».* Pedir mucho. «Tú pides más que el «internal réveniu» mi hijo. No tengo dinero hoy para caramelos». (El «Internal Revenue»: El cubano pronuncia «Internal Reveniu»—siempre está tratando de extraer el máximo de dinero de los contribuyentes norteamericanos. De ahí el cubanismo. Es la máxima oficina de impuestos americana). (Es cubanismo del exilio).

INTERVENTOR. *Haber salido de Cuba para no haber tenido interventor.* Se dice cuando alguien quiere darle a alguno una orden. «Mujer no quería que fuera al banquete pero yo le dije que yo salí de Cuba para no tener interventor». (El cubanismo se basa en que en Cuba el gobierno antes de confiscar los bienes los intervenía poniéndoles un interventor que se hacía cargo de ellos y coartaba la libertad del dueño).

INTRINGULIS. Ver *Indio.*

INYECCIÓN. *Ponerle a alguien una inyección.* Mandarle dinero. «En estos días te pongo una inyección».

J

JABÓN. *Ser alguien como el jabón. Ser muy suave.* «Antonio es como el jabón». (Es un cubanismo que hace alude al «jabón Suave», un jabón del exilio).

JABUCO. Saco. «Lo metió todo en el jabuco».

JALÁ. Cantidad. «Le dio a su hermano una jalá de palos».

JALAO. *Jalao yerboso.* Borrachera de marihuana. «Te digo que eso es un jalao yerboso y no de alcohol».

JAMÓN. *Dar jamón.* Tocar a una mujer con fines libidinosos. «Juan, en el cine le daba jamón a Laura». *Dar jamón serrano.* Tocar *mucho* a una mujer con fines libidinosos. «Juan, en el cine, le daba jamón serrano a Laura». (Este es uno de los casos en que una palábra como «serrano»—el cubanismo se refiere al famoso jamón de la sierra— funciona como aumentativo).

JAMONÍA. *Coger una jamonía.* Coger una matraquilla. «Siempre coge una jamonía». (Es una corrupción de la voz «majonia»; cubanismo que indica «matraquilla»).

JANEARSE. Aguantar callado. «Se janeó diez horas de su conversación. ¡Qué aguante!». En el sentido de aguantar algo estoicamente: «Se janeó diez horas en ese avión».

JARDINERO. Así se llama el «outfielder» del baseball. (Juego de pelota). «¡Qué bien batea ese jardinero!». («Outfielder es palabra inglesa).

JARRETUDA. *Estar muy jarretuda una persona.* Estar muy vieja para algo. «Ya yo estoy muy jarretuda para hacer esas niñerías». (El jarrete es la parte más dura de la res. De ahí el cubanismo).

JAULA. *Estar en una jaula, alguien de periquito.* Estar en una mala situación. «En estos meses estoy en una jaula de periquito».

JAVA. Truco. «Eso que hicieron fue una gran java».

JEJEN. Ver *Mosquito.*

JICOTEA. *Estar una mujer como la jicotea.* No tener cintura. «Esa mujer no me gusta porque esta como la jicotea». *Quedar como la jicotea.* Derrotado. «En la contienda quedó como la jicotea». (Cuando a la jicotea la virán no puede hacer nada. De ahí el cubanismo). *Una jicotea con ruedas.* El automóvil alemán llamado «Beatle», en Estados Unidos, de la Wolkswagen. «A mí me va muy bien con esta jicotea con ruedas».

JIGUA. *Ser alguna una jigua.* Molestar mucho. «Ese hombre es una jigua».

JODIENTINA. Lío. «No me vengas con esa jodientina» (Eufemismo para no usar la palabra «jodiendia» que se considera de mal gusto).

JOLONGO. Problema. «Ya te he dicho que ya tengo bastante jolongo con lo mío para cargar con lo tuyo. No me des problema».

JONRÓN. *Dar alguien un «jonron» de laboratorio.* Realizar algo grande de cualquier tipo. «En esa nueva casa que construyó dió un «jonron de laboratorio». («Jonrón» viene del juego de pelota: baseball, donde batear la bola de forma tal que se recorran las tres bases, sin para es un «home run»). (El cubanismo viene del hecho de que en Cuba, en un terreno de jugar pelota, al fondo del mismo, quedaba los laboratorios «Wasserman». El terreno tenía mucha profundidad. Por eso cuando la bola caía en los laboratorios se decía que era un ««jonron» de laboratorio». Como la bola recorría una gran distancia hasta llegar al laboratorio nació el cubanismo).

JOROBA. *Conocerle, a alguien, la joroba.* Conocerlo bien. «No me puede engañar porque yo le conozco la joroba». Sinónimo: *Conocerle a alguien hasta el último pliegue del culo.*

JUANA. *Ser, una mujer, Juana Tripita en la Habana.* 1.—Vivir muy bien. «Esa negra es Juan Tripita en la Habana desde hace mucho tiempo». ¡Qué bien vivé! 2.—Fingir una mujer que vive muy bien, que tiene muchos enamorados, etc. (El cubanismo da el significado). «No tiene un centavo pero vive como Juana Tripita en la Habana». (Finge tener dinero). «No tiene ni un novio pero vive como Juan Tripita en la Habana». (Finge tener muchos enamorados). (Estos cubanismos están basados en una canción de un trío cubano, muy famoso: «El trío Matamoros»).

JUNGLA. Ver *Tarzán.*

K

KIN KON. *Caerle a alguien Kin Kon.* Caerle a alguien arriba, alguien que no lo deja tranquilo pidiéndole, esto o lo otro, u ordenándole. «Me casé con Genaro y me cayó Kin Kon. 2.—Atacar a alguien un adversario fuerte. «Vietnam ofendió a China y le cayó Kin Kon». 3.—Caerle a alguien un trabajo muy grande. «Con ese libro que tengo que hacer me cayó Kin Kon». (En general se refiere al hecho de que una persona tiene que enfrentar algo inusitado pero muy poderoso, fuerte, en su vida). *Ser alguien un Kin Kon.* Ser muy bruto. «No sabe una palabra de nada. Es un Kin Kon». *Ser una kinkona.* Ser muy grande de cuerpo una mujer. «Juana es una kinkona». (King Kong—el cubano pronuncia: Kin Kon— es un simio gigantesco de una película muy famosa del mismo título).

KODAK. *Gustarle a alguien la Kodak.* Gustarle el halago. «A Antonio le gusta la Kodak». (Cubanismo del exilio).

L

LABORISTA. *Ser laborista.* Trabajar mucho. «Yo soy laborista». (Es cubanismo de gente culta. Se refiere al partido laborista inglés y viene del juego de palabras entre laborista— miembro del partido de tal nombre en Inglaterra— y laborar: trabajar).

LAGO. *Sumergirse un hombre en el lago.* Ser homosexual. «El bailarín se sumerge en el lago, Petra». (Se oye entre los que asisten al ballet y está basado en el ballet el lago de los cisnes). (Cubanismo de gente culta).

LAGRIMA. Ver *Collar.*

LAMPARITA. *Estar alguien de lamparita china.* Hacerse alguien el delicado de salud. «No lograrás que trabaje. Siempre está de lamparita china». (Las lamparas chinas son de papel, de ahí el cubanismo).

LANCHERO. Así dicen en Cuba hoy al que se fuga, en lancha, a Estados Unidos. «Esta preso por lanchero».

LATA. *Fuego a la lata.* Piropo que se usa cuando pasa al lado de uno una mujer muy bella de cuerpo y cara. «Fuego a la lata». ¡Qué belleza! *La lata de melocotón.* Alude a la lata llena de agua que las mujeres cubanas usan en las fábricas para limpiarse sus partes pudendas. «Yo siempre traigo mi lata de melocotón para no usar esa que esta en el baño». Para lata ver, también, *Fuácata.*

LECHE. *Tener la leche adulterada.* No poder tener hijos. «Hay una cosa cierta. El tiene toda la leche adulterada». («Leche» es «Semén» en cubano).

LECHERO. *No poder dedicarse alguien a lechero.* Estar siempre muy malhumorado. «Ese individuo no puede dedicarse a lechero». (Es que tiene la «leche cortada». «Tener la leche cortada» es estar de mal humor. «La leche cortada no se puede vender. Con esto juega el cubanismo).

LECHÓN. *Plato típico cubano que consiste en un puerco asado.* «El lechón de hoy es formidable». 2.—Estar alguien obeso. «Es un lechón. Si no baja se muere.» *Estar hecho un lechón.* Estar muy gordo. «Mi primo está hecho un lechón». *Dormir como un lechón.* Dormir a pierna suelta. «¡Qué bien duerme! Como un lechón».

LENGUA. *Perder la lengua y quedarle la campana.* 1.—No sacar nada de la experiencia. «Volvió a fracasar como siempre. El pierde la lengua pero le queda la campana. 2.—No darse por vencido.» Es infatigable. No hay imposibles para él. Pierde la lengua y le queda la campana todavía».

LEÑA. *Rayar la leña.* Trabajar. «Hace días que esta rayando la leña. No para». También, en Oriente, provincia más oriental de Cuba es «bailar», tal como aparece en «Ma Teodora», un son cubano. «Juana esta rayando la leña. Está así desde que llegamos al baile».

LEÓN. *Ser al final como el león de la Metro*. Rendirse al final. «Yo sabía que ese grupo de pistoleros era, el final, como el león de la Metro». (En las películas de la Metro Goldyn Mayer sale un león anunciando la companía, que es todo melena y sólo ruge una vez. De ahí el cubanismo).

LEVADURA. Ver *Calidad*.

LIBERTAD. Ver *Antorcha*.

LIGA. *Jugar en una liga que otro no juega*. Ser distinto a otro persona; dedicarse una persona a una actividad distinta que otro. Se usa muchas veces en tono despreciativo. «¡Qué va, yo no me junto con ese muchacho. El juega en una liga que yo no juego!». (Refiriéndose a que tiene un defecto moral). (Es término que viene del «base ball»: pelota). En el caso de ser distinto a otro oimos. «No nos llevamos bien, por nuestros temperamentos. El juega en una liga que yo no juego». Dedicarse a otra actividad. «Yo gane dinero porque juego en una liga que el no juega: los negocios.»

CUARTO. *Ser alguien cuarto base*. Ser muy bueno en algo. «Ese es un cuarto bate en geometría». (Es término tomado del «base ball»: pelota).

LIJA. Ver *Producto*.

LIMA. *Ser de Lima*. Se refiere a algo que no se expresa. «Mi odio es de lima». (Es decir es sordo).

LIMPIAR. *Limpia*. Quitarse de algo. — «Estoy enamorado de ella. — Limpia que eso no te conviene». (Se usa sólo en esta forma). En el imperativo).

LIMPIEZA. *Tienes que hacerte una limpieza*. Se le dice a la persona que tiene mala suerte. «Así que tú perdiste el puesto. Tienes que hacerte una limpieza». Sinónimo. *Tener que hacerse un despojo. Tener que ver al babalao. Despojarse*. («Hacerse una limpieza», «un despojo» es, de acuerdo con las religiones africanas vigentes en Cuba, pasarse unas yerbas por el cuerpo al bañarse o bañarse en la esencia de ciertas yerbas para quitarse los males. De ahí el cubanismo).

LINDORO. *Estar de Lindoro*. Se dice del individuo que se cree muy buen tipo y se exhibe para que las mujeres lo admiren sin enamorarse de ninguna de ellas «Mi hermano, desde que hace ejercicios está de lindoro». Sinónimo. *Estar de castigador. Estar de pito dulce*.

LÍNEA. *Pasar alguien el día enchuchado y cambiando de línea*. Tener varios trabajos al mismo tiempo. «No descanso. Me paso el día enchuchado y cambiando de línea». (El cubanismo una términos de los ferroviarios: «enchuchar»; «cambiar de líneas». «Enchuchar» es conectar un tren con otro). (Cambiar de línea: tomar otro tren»).

LISETERO. Cubeta. «Tráeme el lisetero que esta lleno de camarones».

LOCO. *Amarra el loco*. Tranquilízate. «Muchacho me sacas de quicio. Amarra el loco». *Amarren al loco si no yo no toco*. Se aplica a diferentes situaciones. Por ejemplo si un orador va a hablar y ve que hay mucho rüido en el salón le dice a alguien: «Amarren al loco si no yo no toco» o sea, «si no hay orden no hablo». O si llaman a alguien para dirigir una compañía este dice: «amarren al loco si no yo no toco» o sea, «organicen aquello y yo me hago cargo de la presidencia». Lo ha popularizado en el exilio una canción (pero se oía en Cuba frecuentemente). La conversación da los diferentes significado.

LOLIPOP. *Faltarle a alguien nada más que el lolipop.* Ser un tonto. «A tu marido, te lo digo sin ofenderte, nada más que le falta el lolipop». (El lolipop» era un helado que chupaban los niños. De ahí el cubanismo).

LOQUITO. *Ser un loquito* (en el acto sexual.) Hacer de todo a la mujer. «Ese hombre es un loquito. Me cuenta cada cosa que hace con su mujer.) Sinónimo. *Hacer rarezas.* El plural: *loquitos*: Los escritores pertenecientes a la literatura del absurdo. «Los loquitos no pasaran a la historia. No hay quien los entienda». (Cubanismo de los medios intelectuales cubanos).

LORD. *Ser alguien una combinación de Lord inglés con Cheo.* Ser una persona que tiene mezcla de modales refinados y de modales zafios. «El engaña porque tiene una combinación de Lord Inglés con Cheo». Decimos Cheo, al cubano de ademanes zafios.

LORITO. *Tener alguien caminaito de lorito.* Caminar con el culo parado y las patas abiertas, «Juan tiene un caminar de lorito».

LOTERÍA. *Cantar la lotería mejor que el niño de la beneficencia.* Cantar muy bien. «Tú hermano canta la lotería mejor que el niño de la Beneficencia». (Los niños de la Beneficencia cantaban la lotería los sabádos en Cuba. De ahí el cubanismo). *Pasarse el día cantando igual que la lotería.* Se dice, con sorna, del que habla cuando es detenido. Está basado en lo mismo que el anterior. «Juan se pasó el día cantando igual que la lotería».

LUCHA. *Coger lucha.* Afanarse.—No cojas lucha por eso. Todo llega con calma. 2.—No te enojes. «No cojas lucha con lo que te dijo Pedro». (Es cubanismo llevado a Miami por los cubanos llegados por Mariel y de uso corriente en la Cuba actual. Parece importado de Méjico).

LUNA. *Sino es luna es cuarto creciente.* Si no es calvo esta bastante adelantado. «Juan si no es luna, como ves, es cuarto creciente». (Se oye entre la gente culta).

LL

LLAMAS. *Lanzar a alguien envuelto en llamas.* Destruirlo. «En ese trabajo me lanzaron envuelto en llamas».

LLANERO. *Ser el llanero solitario.* «Se dice del que siempre anda solo». «Ese hombre no se junta con nadie. Le dicen el llanero solitario». (El cubanismo es el título de una película y de unos episodios radiales).

LLAMABA. *Ser algo como aquello que se llamaba.* No existir ya. «Ese monumento que buscas es como aquello que se llamaba». («Se llamaba» es un cubanismo que quiere decir: murió: p.e. «Juan se llamaba». (El cubano, generalmente, dice «se ñamaba» imitando el habla del negrito, un personaje folclórico que hacía Alberto Garrido, un actor famoso.

M

MA. *Mamá.* «Oyé ma, te quiero mucho». (Es la forma que usan los negros al hablar). No se aplica sólo a la madre sino a cualquier mujer.

MACALUNGA. *Hay macalunga.* ¡Ay Dios mío! «¡Se saco la lotería! ¡Ay Macalunga!»

MACEO. Ver *Parientes.*

MACHACO. *Esta bueno, Machaco.* «Frase cariñosa que se usa para decir: Esta bueno. Para eso ya. No sigas con eso». «Está bueno Machaco. No hagas tanto rüido».

MACHADO. *Pararse en Machado.* Creer que los precios de hoy son los de ayer. «Este hombre se paró en Machado. Cree que esto cuesta un peso». (Se aplica al cubanismo, principalmente, entre la gente mayor, a áquel que cree que los precios de hoy son como los de ayer, porque en tiempos de la gobernación del general Gerardo Machado en Cuba hubo una despresión económica y los precios estaban por el suelo).

MACHETE. Ver *Pepe.*

MACHETERO. *Ser hacendado y quedarse en machetero.* Haber sido un gran mujeriego pero no poder serlo más por estar viejo. «¡Quién lo iba a decir! era hacendado y se quedo en machetero». (Hacendado en Cuba era el que tenía ingenios de azúcar. El machetero el que cortaba la caña).

MACHUCHO. *Michino,* «Machucho, como te quiero».

MAÍZ. *Aquí vestido de maíz para que me coman los pollos.* Frase jocosa que se dice como contestación a —¿Qué haces? —Aquí, vestido de maíz para que me coman los pollos». O sea «dejándome querer por todo el mundo. (Es un juego de palabras entre «pollo» como castizo y como cubanismo: *pollo:* mujer bella).

MAJAGUA. 1.—Traje. «Que majagua la tuya, mi amigo». (La majagua es una madera preciosa, cubana. 2.—Bate en el juego de pelota: base ball.» «Ahora le pega a la pelota con la majagua, fuertemente»).

MAKDONALD. *Alborotarse alguien a lo MakDonald.* Enfurecerse alguien e ir hasta las ultimas consecuencias». «Yo se lo dije: conmigo no juegues que yo me alboroto a lo MakDonald.» (Es un cubanismo hacido en el exilio. El MakDonald es un establecimiento que vende, entre otras cosas perros calientes. Cuando se compra un perro caliente se dice en inglés que se le quiere «all the way» es decir con todas las salsas. Alborotarse a lo MakDonald es alborotarse «all de way» o sea completamente. De ahí el cubanismo).

MALANGUITA. *Hacerle malanguita al jardín.* Podarlo muy corto. «Hoy voy a hacerle malanguita al jardín». (Es un cubanismo nacido en el exilio cubano. Se basa en el «pelado a la malanguita» que se le hacía a los ñinos en Cuba, en el que se le dejaba sólo un mechoncito de pelo cayendo sobre la frente y se le pelaba el resto casi el rape).

MALDITA. (La) La benzedrina. Casi extinguido el cubanismo. Así le llamaban, a la benzedrina, los estudiantes universitarios en Cuba, porque la tomaban para no dormirse y poder pasar la noche estudiando. «Mañana tengo examen. No puede acostarme. Voy a tomar la maldita».

MALTA. *Malta India todo el día.* Se le dice a alguien que tiene que trabajar mucho. — «Muchacha, ¡cómo trabajas! — ¡Malta India todo el día!» (Es un cubanismo que se basa en el lema de la Malta India una malta puertorriqueña. Se oyé sólo entre los cubanos que residen en Puerto Rico).

MAMÁ. *Ser más trágico que Mamá Campanitas.* Ser trágico en demasia. «No le hagas caso: Esa mujer es más trágica que Mamá Campanitas». (Mamá Campanitas es una novela que ponen en la televisión, en Miami. Cubanismo del exilio).

MANCHA. *Una mancha de petróleo.* Un grupo de personas de la raza de color. «Mira que mancha de petróleo hay en la esquina».

MANGO. *Conocer al mango en la mata.* Conocer como es alguien con solo verlo. «Ese es un hombre malo. Pero como dices eso sin conocerlo. — Yo conozco el mango en la mata.» *Parecer alguien una semilla de mango chupado.* Ser muy feo. «Antonio parece una semilla de mango chupado».

MANGUERO. *Andar hecho un manguero.* — Andar mal vestido. «Juan esta hecho un manguero. ¿Por qué no cuida su vestir?». («Manguero» es el vendedor de mangos, siempre, gente humilde).

MANÍ. *Quedarse el maní en cáscara.* Fracasar. «Con ése, el maní se queda en cascara». (Es cubanismo del exilio que nació por los fracasos del presidente norteamericano Jimmy Carter).

MANTECADO. *Gustarle a alguien el mantecado.* Ser homosexual. «Fíjate como se menea. Se ve que le gusta el mantecado». También gustarle a una mujer el acostarse con los hombres. «A esa le gusta el mantecado. Lo sé de buena tinta». También ser la mujer liviana de cascos. «Basta ver su actitud para darse cuenta uno que a esa mujer le gusta el mantecado». *Tener a alguien como el mantecado.* Hacer de el lo que quiere.» «Yo tengo a mí jefe como el mantecado». (El mantecado se tiene en la punta del banquillo y cuando uno quiere lo chupa. De ahí el cubanismo).

MANTENGO. *Darle a una mujer el mantengo puertorriqueño.* Vivir con ella «Juana Pedro le esta dando el mantengo puertorriqueño». (Cubanismo del exilio).

MARACA. *Esa maraca siempre tiene que sonar.* Hay que estar siempre en todo. «Yo te digo que esta maraca tiene siempre que sonar. Es el camino del exito».

MARAÑON. *Ponerse con el marañon azul.* Dar el dinero. «Para entrar en este negocio no basten las palabras sino que hay que ponerse con el marañon azul».

MARAÑONES. *Estar en los marañones de la finca alguien.* Estar en las nubes. «Juan este siempre en los marañones de la finca».

MARATÓN. *Meterse en tremendo maratón.* Meterse en tremendo lío. «Conmigo la cosa es diferente. Si se me dice eso a mí se me mete en tremendo maratón». (Exilio).

MARAVILLAS. *Ser algo o alguien las Maravillas de Arcaño con Chapotín y sus estrellas.* Ser algo nunca visto; o ser alguien o algo genial. «Ese hombre es las maravillas de Arcaño con Chapotín y sus estrellas». (Es genial). «Ese libro es las maravillas de Arcaño con Chapotín y sus estrellas». (Algo nunca visto, algo genial). (El cubanismo combina el nombre de dos orquestas famosas en Cuba: «Chapotín» y «Arcaño y sus maravillas».

MARÍA. *Creerse María Cristina.* Querer una persona gobernar a otra. «Mi mamá se cree, María Cristina». *Si fuera mujer le llamarían María Antonieta Pons.* Se dice del que riega mucho. (María Antonieta Pons es una artista cubana a la que llaman «El ciclón antillano». El que riega mucho es un ciclón. De ahí el cubanismo).

MARICÓN. *No seas maricón.* No seas así. «No seas maricón y préstame esos cinco dolares». *Ser un maricón del carajo.* Ser mala persona. «Como no te iba a hacer eso si es un maricón del carajo». *Ser maricón que camina entoyado.* Se dice del que al caminar lo hace con gestos notoriamente homosexuales. «Lo conocí ayer. Imagínate, es un maricón que camina entoyado».

MARIDO. *Tener alguien al marido apambechado.* Tenerlo dominado. «Ella siempre he tenido a su marido apambechado». (Viene el cubanismo de un «merengue dominicano», —Musica típica de la República Dominicana: «El negrito del Batey».

MARIELAZO. *Dar un marielazo. Matar.* «A Juan en la esquina le dieron un marielazo». (El cubanismo del exilio cubano se deriva de la palabra: Mariel, Puerto de Cuba del que salieron, en 1980, hacia Estados Unidos, más de ciento cincuenta mil cubanos. Mezcló entre ellos, refugiados honestos, el gobierno cubano, a unos cinco mil delincuentes que han rodado por las calles de Miami con total impunidad, y han cometido muchas fechorias. De ahí el cubanismo.

MARIELERO. Se dice del cubano que llegó a Estados Unidos en el exódo del Mariel. (Son los cubanos llegados al exilio, en 1982, en el puente marítimo: Mariel-Cayo Hueso). «Tienes en tu casa a algún marielero?». Sinónimo. Marielito *Mosquitero.* (Por el campamento, junto a Mariel. Estaba hecho con una carpa grande. Los cubanos le llamaban el mosquitero). Sinónimo: Mosquito.

MARIELITO. Ver *Marielero.*

MARINERO. *¿Cuánto me das marinero?* ¿Qué me das si te lo digo? —«Dime lo que te dijo mi hermano.— ¿Cuánto me das marinero?». (El cubanismo viene de un canto infantil castizo: «¿Cuánto me das marinero?, ¿cuánto me das marinero, porque te saque del agua?, sí sí.... Para marinero; ver así, mismo *Soga*.

MARTÍ. *Como lo soño Martí*. Ser lo mejor. «Eso qué me acabas de decir es como lo soño Martí.» (El cubanismo alude al patriota cubano y Apóstol de Cuba: José Martí). *Tener algo como lo soño Martí*. Cumplir uno su sueño. «Ya yo tengo mi carrera como la soño Martí». (El cubanismo viene de la frase que se aplica a las cosas de Cuba: «Como la soño Martí, es decir, el Apóstol de la independencia cubana, José Martí»).

MARTILLO. *Ser una cabeza de martillo* No ser inteligente. «Tú siempre has sido una cabeza de martillo». 2.—Parece un indio. «Yo no se si el padre es indio pero el tiene cabeza de martillo». Sinónimo: *Tener un chachote en la cabeza*.

MÁSCARAS. *Date un viajecito a las Máscaras*. No finjas más. «Se cree que porque habla bonito engaña, pero yo no pude más y le dije: Date un viajecito a las máscaras.» (Es un cubanismo que se oye en el exilio siempre en imperativo. Las Máscaras son un grupo teatral. De ahí el cubanismo).

MASTER. Ver *Niño*.

MATALATOGO. *Ser matalatogo*. Ser malo. «Ese hombre es matalatogo».

MATINÉ. *Ser algo de «matiné.»* «Ser muy bueno». Este libro es de matiné.» Las películas que exhibían en Cuba, en los cines, en las «matiné» al medio día eran muy buenas. De ahí el cubanismo. Se dice también de algo que es ficticio. «Chica, eso que me cuentas parece de matiné».

MATO GROSO. *Aparato sexual de la mujer que es muy tupido*. «Lo de esa mujer, te lo digo yo, es un Mato Groso». (El vocablo parece haberse originado por comentarios de gente culta sobre relaciones sexuales con mujeres de aparato sexual muy tupido de pelos). (Se oye más entre las clases altas.) (El Mato Grosso es una montaña del Brasil).

MATUNGO. *Estar medio matungo*. Estar medio malo. «Yo estoy medio matungo últimamente».

MAVÍ. *Cambiar de Maví para Para Mí*. Cambiar de mujer. «Ese se pasa la vida cambiando de Maví Para Para Mí». («Maví» y «Para Mí» son dos talcos. De ahí el cubanismo). (Este cubanismo se explica por lo que se dice del cubanismo *por el talquito* (ver *talquito*).

MAYOREAR. *Dominar*. «Los rusos estan mayoreando en Cuba». (Viene del dominó. El que tiene una data buena se dice que *esta mayoreando el juego o que mayorea.*)

MAZACOLLTE. (El). El culo. «¡Qué mazacote más grande tiene esa mujer!».

MAZO. *Hacer algo al mazo*. Hacerlo bien de verdad. «Esa carta esta hecha al mazo».

MEAO. *Ser alguien meao de gato*. No valer nada. «Te digo yo que el es meao de gato». El meao de gato a lo que le cae lo liquida con el ácido. De ahí el cubanismo.

MECHA. *Encontrarse la mecha y el alcohol*. Encontrarse dos personas de temperamento violento y opuesto. «Aquello fue terrible, Hubo un muerto. Se encontraron la mecha y el alcohol». He oido también: «Se encontraron la mecha y el alcohol y a rayar el fósforo»: se éncontraron dos personas de temperamento violento y vamos a buscar que peleen. «Mira a Pedro y Juan. Se encontraron la mecha y el alcohol, y a rayar el fósforo.

MEDICINA. *Estar como la medicina*. Hacer las cosas dos veces al día. «Yo en mis labores caseras estoy como la medicina». (La medicina se toma dos veces al día, en ocasiones. De ahí el cubanismo).

MÉDICO. *Médico instántaneo*. Se llama a los médicos que estudiaron bajo el régimen castrista. El cubanismo indica que no son médicos en absoluto. «Ese ni me pone una inyección. Es un medico instántaneo». (Se les llama «instántaneos» porque los graduan en dos o tres años y sin estudiar apenas.)

MEJICANO. *Ser como el mejicano*. Hacer una cosa aunque este prohibido. «A mí no me importa, así que no me digas nada. Yo soy como el mejicano». (El cubanismo se basa en el chiste del mejicano que estaba en el parque orinando y un policía le dijo: «Usted no sabe que no se puede orinar aquí»; y el mejicano le contestó: «Y como es que estoy pudiendo».)

MEJORAL. *Dar mejoral*. Hacer una cosa muy bien hecha. (Lo he oido en frase similares a esta: «Me acosté con ella y le di mejoral».

MELADO. *Caerle a alguien melado*. Caerle gente pegajosa. Al pobre Juan le cayó melado». No sabe como deshacerse de ellos. (Se oyé también «melao», propio de la pronunciación de las clases bajas cubanas que aspiran la «o» final).

MENANCITOS. (Los) Zapatos de plomo que usan en el G2, policía represiva en la Cuba de Castro, para torturar. «Le pusieron los menancitos y tuvo que cantar.

MENSAJERO. *Ser un cochino sin mensajero*. Ser una persona sucia por sí. «Es un cochino sin mensajero. Se aplica a otras situaciones: «ser inteligente sin mensajero»; 'ser gracioso sin mensajero'. En el aumentativo lo he oido de esta manera: «*Ser un inteligente sin mensajero y con el cable directo*» o sea ser inteligentísimo. Las palabras, «con cable directo» dan el aumentativo. Este es uno de los casos en que el cubanismo forma el aumentativo con palabras. (En un cubanismo nacido en el exilio).

MENUDO. *Tener más menudo que un pollo*. Tener mucha moneda fraccionaria. «En casa tengo más menudo que un pollo.» (Es un juego de palabras de «moneda» y los «menudos» del pollo).

MENTIRITA. *De mentirita me hicieron a mí*. Contestación cuando alguien dice: «eso es mentira. — Eso es mentira. —¡Si!, de mentirita me hicieron a mí». También se oye: «De mentira me hicieron a mí».

MERCEDES. *Meterse a Mercedes Pinto*. Dar consejos. «Últimamente le ha dado por meterse a Mercedes Pinto». (Mercedes Pinto es una dama cubana-española que daba consejos por radio en Cuba).

MERENGUITO. Se dice en Cuba al cubano al que han permitido volver a Cuba, de visita, después de llevar años en el exilio. «Mira como hay merenguitos por las calles». (Les llaman «merenguitos» porque los tratan como tal. No hay quien los toque, quien los moleste. Por necesitar el regimen cubano su dinero. De ahí el cubanismo).

MESA. *La mesa esta puesta.* Llego la hora de la decisión. Bueno, la mesa está puesta. ¿Qué vamos a hacer? *Ponerle la mesa a alguien.* Retarlo. «Le puse la mesa y no hizo nada».

METRO. *Escríbele a la Metro Golden Mayer* ¡Qué artista eres tratando de engañar! Cuando alguien se justifica acompañado de gestos teatrales se le grita. «Escríbele a la Metro Golden Mayer» (La «Metro Goldyn Mayer» es una companía, de películas, norteamericanas cuyo lema era un león, que aparecía en la pantalla. De ahí el cubanismo. Para metro ver, así mismo, *León*). (El cubano pronuncia en la forma que aparece en el cubanismo).

MICHILINGO. Lindo. «¡Qué michilingo eres!».

MIERDECES. *Hacer mierdeces.* Hacerle a alguien pequeñas traiciones; portarse mal con alguien. Es sinónimo de hacerle una porquería a alguien. La conversación da el signficado: «Me ha hecho dos o tres mierdeces en el trabajo. A pesar de que yo lo coloque allí. (Se ha portado mal). «Me ha hecho dos o tres mierdeces. El es traicionero por naturaleza». (Ha hecho pequeñas traiciones).

MIGAJA. *No dar migaja sino flauta.* Se dice del que en el acto sexual trata de dejar satisfecha a la mujer recurriendo a todo. «El no da migaja sino flauta. Si lo sabré yo, Matilde». (Migaja y flauta son terminos del area de la panadería).

MINISTERIO. *Dejar el Ministerio y pasar a la alcaldía.* Volverse un pastor protestante un calavera. «Ese dejo el Ministerio» y pasó a la alcaldía. En general se aplica a todo el mundo que de una vida sería se mete a calavera. Ver para *Ministerio*, además, *Peiof*.

MOCO. *No saberse si alguien se esta sacando un moco o arrancándose el cerebro.* Se dice del que se hurga en la nariz violentamento. «Mira no se sabe si esta sacándose un moco o arrancándose el cerebro».

MOJÓN. *Ser un mojón.* Ser chiquitico. No levanta cinco pies del suelo. «Ese hombre es un mojón». (Lo he oido aplicado sólo a personas). 2.—Ser estúpido. «Ese hombre es un mojón». No sabe nada. 3.—No valer nada como persona. «Yo no lo trató. Es un mojón».

MOJONCITO. *Ser un mojoncito.* Ser un hombre chiquitico. «Ese hombre es un mojoncito». (Lo he oido sólo aplicado a personas no a cosas).

MOJONEO. Conversación intracendente. «Ese mojoneo no hay quien lo resista».

MOJONES. Ver *Atraque.*

MOJOTEAR. *Meterse en lo que no le importa a alguien.* «Su mojotear es impertinente». (Me explican que viene de «mojo» ese aderezo que llevan al lechón y otros platos cubanos. El que mojotea es áquel que esta siempre mojando en la salsa de mojo».

MOLINILLO. *Tener el molinillo.* Tener barrenillo. «Ese tipo tiene el molinillo. Y no sabe lo que le afecta la salud».

MOLLEJITAS. Senos pequeños. «Por la trusa se le salían las mollejitas».

MOMIAS. *Morir como las momias.* Morir alguien erecto y muy delgado. «Juan murió como las momias».

MONJA. Billete de cinco pesos. «Yo tengo monja en el bolsillo». (El cubanismo viene de un juego de azar llamado Charada en el cual a cada número corresponde una palabra: el uno es caballo, el dos mariposa; el cinco es monja). *Tocar con una monja.* Darle a alguien cinco pesos. «La camarera se porto muy bien porque la toque con monja».

MONA. Ver *carijo.*

MONITO. *Estar como el monito y la palma real.* Se dice de una pareja en que el uno es muy pequeño y el otro muy grande. «Esa gente esta como el monito y la palma real. ¡Qué desproporcionados».

MONO. *Parecer un hombre el mono del zoológico.* Tener los testículos pelados. «Ese hombre parece el mono del zoológico». Para Mono ver también, *Tarzán.*

MONSTRUO. *Ser el monstruo de las siete pelucas y, además, el dueño de la peluquería.* Se aplica varias situaciones pero en toda la persona está en el primer lugar; ya se trate de inteligencia; de arquitectura, etc. «Triunfo en el negocio porque es el monstruo de las siete pelucas y además el dueño de la peluquería». (¡Qué clase de administrador! Entre los administradores no hay quien le ponga un pie delante. No hay quien lo supere). «¡Como toca a Chopín! Es el monstruo de las siete pelucas y además el dueño de la peluquería. (Es una pianista completa o es el mejor interprete de Chopín en el mundo). Sinónimo. *Ser el papaupa.*

MONTERO. Ver *Papá.*

MONTUNO. *Tener alguien un montuno que no para.* Trabajar sin parar. «Juan tiene un montuno que no para». (El montuno es una música del monte, tipicamente cubana). Sinónimo. *Escribir, danzones o danzon.*

MOSQUITOS. (*Los*). Los llegados a Estados Unidos procedentes del Mariel, Cuba, en el éxodo de Cuba hacia Estados Unidos.» En mi casa alojé a cinco mosquitos». (Reciben ese nombre por que el campamento de Mariel, Cuba, donde los alojaban se llamaba «Los Mosquitos» nombre que le dieron los que se iban por la enorme cantidad de mosquitos que había allí). Otros me dicen, que es por haber estados alojados bajo una carpá que semejaba un mosquitero. Sinónimo. *Los marieleros. Los marielitos.* Ver, así mismo, *Nata.*

MOTA. *Para pasarme a mi la mota tiene que ser con mucho talco.* No dejarse, alquien, engañar facilmente. Yo soy muy díficil de engañar. «Agradezco tu consejo, pero no te olvides que para pasarme a mi la mota tiene que ser con mucho talco».

MOTOR. *Calentar los motores.* Prepararse para hacer algo. Se aplica a cualquier situación en la vida. «¿Vas a echar el discurso? — Sí. Estoy calentando los motores». «Como mi mujer viene hoy de Londres estoy calentando los motores». (Preparándose para tener relaciones sexuales). ¿Vas de viaje?. — «No me ves calentando los motores». *Tener el motor acelerado.* Ser muy impaciente. «Cálmate. Tienes el motor acelerado». Sinónimo. *Ser alguien un acelerado.* Ser *ají guaguao.*

MOVIMIENTO. *Haber un nuevo movimiento en el «bull pen».* Surgir algo nuevo «Todo estaba como tú sabes pero hubo que tomar medidas porque hubo un nuevo movimiento en el bull pen». (Viene de la pelota: base ball).

MUCHACHOS. *Estar como los muchachos en Cuaresma.* Estar triunfando. «Mi hermano está como los muchachos en Cuaresma». (En Cuaresma los muchachos empinan el papalote. Empinar el papalote es un cubanismo que entre otras cosas quiere decir: «triunfar.» De ahí el cubanismo.

MUELA. *Ser algo cuestión de mucha muela.* Ser algo cuestión de mucho hablar. «El conseguir eso es cuestión de mucha muela». (Lenguaje los cubanos llegados a Estados Unidos por Mariel en el puente marítimo: Mariel-Cayo Hueso de 1980).

MUELLE. *Tener un muelle, una mujer entre las piernas.* Acostarse con cualquiera. «La vecina de enfrente tiene un muelle entre las piernas». (Es decir que atracan todos los barcos. De ahí el cubanismo).

MUERIVIVES. Víveres. «Voy a comprar los muerivives». (Es la combinación de las palabras viveres y morir. Es un cubanismo nacido en el exilio que se basa en lo mucho que cuestan los víveres por la inflación. Comprar viveres es morirse: por los precios. De ahí el cubanismo).

MUJER. *Ir una mujer con la escalera.* Se dice de la mujer que anda con muchos hijos a cuesta. «Por ahí viene esa mujer con la escalera». (Es cubanismo de origen campesino.) *Llorárselo a un mujer más que los gatos».* Enamorar a una mujer mucho; insistentemente; sin tregua. «Pepe se lo llora a Juana más que los gatos». («Se lo llora» se refiere al sexo de la mujer. Los gatos, además, enamoran llorando). *Salir una mujer a la calle de listera.* Salir a buscar hombres de posición. «Ella sale todos los días a la calle de listera. Hasta ahora nada ha conseguido». *Ser una mujer un central azucarero».* Acostarse con muchos hombres. Tu vencina de enfrente es un central azucarero». (Porque como el central muele). *Ser una mujer un central azucarero que sólo muele bagazo.* Acostarse con hombres que no valen nada. «La vecina es un central azucarero, que sólo muele bagazo». (Ser *bagazo* es un cubanismo que quiere decir: no valer nada. De ahí el cubanismo. (El bagazo es lo que queda de la caña en los en los tachos. Es como una paja seca). *Ser una mujer como los plátanos.* Parecer una mujer buena y ser mala «Esa mujer es como los plátanos.» ¡Como engaña! (El platano tiene la masa blanda y el corazón duro. De ahí el cubanismo). *Ser una mujer, «top chois».* Ser una mujer muy inteligente; ser muy bella, etc. «¡Como no iba a quedar la primera en el concurso de inglés si ella es «top chois»!» (inteligente). Me volví loco con ella; ¡Qué cuerpo! Ella es «top chois». (Bella). También lo he oído, a este cubanismo del exilio, en esta forma! *Ser en el departamento de carnicería, una mujer «Top chois»*. Ser muy bella. «Mi hermana, en el departamento de carnicería es «top chois». (La carne «top choice»—el cubano pronuncia «chois»—es de primera. *Ser la mujer como un perro de pelea*. «Todas las mujeres son perros de peleas». (Se dice que las mujeres son como los perros de pelea es decir que después de casarse van dominando poco a poco al marido. El cubanismo se basa en el hecho de que el perro de pelea, cuando muerde mejora la mordida, es decir aprieta más.) *Tener una mujer puesta la luz roja*. Tener la regla. «Mi mujer tiene puesta hoy la luz roja.» Ver *Enfermedad*.

MULA. *Tener algo como mula de feria*. Muy arreglado. «Tiene a la querida como mula de fería».

MULENGUE. *Dar mulengue*. Hablar mucho para convencer a alguien. «A Pedro, para que te de la comida, hay que darle mucho mulengue». (Es lenguaje de los cubanos llegados en 1980 a Miami, por el puente marítimo Mariel-Habana). Sinónimo. *Dar muela*.

MUÑEQUITOS. *Ser algo de muñequitos*. Ser algo poco serio. «Eso que tú haces es de muñequitos. Me da pena verte».

MUSEO. *Ser algo el museo de cera*. Ser una reunión de gente vieja. «Esto es el museo de cera». (Cubanismo nacido en el exilio).

MÚSICA. *Irse con la música a otro lado*. Largarse y dejar de molestar: «Gracias a Dios que se fue con la música a otro lado.

MÚSICA. *Ser alguien el que invento la música*. Se dice del que da muchas órdenes. «Ese es el que invento la música». ¡Qué mandón! El cubanismo relaciona la música con el director de orquesta.)

MUSICAL. Ver *Persona*.

N

NIEVES. Ver *Blanca*.

NILO. *Ser Nilo Zuaznabar*. Ser el único. «En este juego yo soy Nilo Zuaznabar». (Nilo Zuaznabar era un concejal de la Habana que en los pasquines electorales ponía debajo de su retrato.: EL ÚNICO).

NIÑO. *Ser alguien un niño cantor de Viena*. Ser un delator. «Estos amigos tuyos son los niños cantores de Viena». (Cubanismo nacido en el exilio. Es de la gente culta). Sinónimo. *Ser alguien el «master» de la coral*. «Juan es el «master de la coral». (Cubanismo nacido en el exilio. Lo he oido como usual entre la gente culta. Para más de *Niño* ver *Suaritos*.

NOKEL. *Tirarle a alguien uan «nokel bol»*. Prepararle una celada. «Yo lo he estado vigilando y le tiré una «nokel bol» a ver si cae». (La «nokel bal» es un lanzamiento, en el juego de pelota: «base ball» muy lento y que es muy difícil de batear. El cubanismo alude a su lentitud y lo compara, por eso, con una celada que se basa en el tiempo).

NORMA. *Ponerse alguien bien al final de la Norma*. Al final de la norma esto se pondrá bien. (Es un cubanismo chistoso de los intelectuales cubanos basados en la novela: *El final de Norma* (Se oye entre universitarios de ayer de la facultad de Filosofía y Letras).

NOVELA. *Escribir una novela mejor que el Collar de Lágrimas*. Protagonizar un suceso pasional. «La mato de tres tiros porque lo despreciaba. Escribió una novela mejor que el Collar de Lágrimas».

NUDOS. Ver *Soga*.

NUEVA YORK. Ver *Automático*.

NÚMEROS. *Echar alguien más números que una contadora*. Servir muchos años en un lugar o tener qué cumplir una larga condena de cárcel. «En ese trabajo echó más años que una contadora antes de retirarse». (Servir muchos años en un trabajo). «El juez lo mandó a la cárcel a servir más años que una contadora». (A cumplir una sentencia larga).

Ñ

ÑAMABA. Ver *Llamaba*.

ÑONGAR. Ejercitar el acto sexual. «Me la ñongué anoche.» Sinónimo. *Dar serrucho. Serruchar. Singar. Templar.*

O

OJALES. *Abrirle a alguien los ojales y sacarle los botones.* Dominarlo. «Tú sabes que el tiene mal humor pero yo le abro los ojales y le saco los botones».

OJO. *No me mires con ojos de chinche que si me convierto en catre te como. No me mires así que no te tolero.* «Y se lo dije bien claro: No me mires con ojos de chinche que sí me convierto en catre te como». *Pasar los ojos y ser panavisión.* Verlo todo. «Yo sabía en lo que estaba. Yo donde paso los ojos es panavisión».

OLÉ. *Ser algo como el olé.* Ser incomprensible. «Eso que me dices es como el olé».

OLIMPIADAS. Ver *Companía.*

OMBLIGO. *Coger a alguien en el ombligo.* Darle donde le duele. «Al tocar el punto lo cogí en el ombligo». *Comer hasta que el ombligo se haga teta.* Comer a reventar. «Me gusta tanto esta comida que voy a comer hasta que el ombligo se haga teta». (Es originario, el cubanismo, de la provincia cubana de Camagüey).

OPERA. *Meterse alguien a cantar de opera.* Morirse. «El dueño del periódico se metió a cantor de opera». (Se oye entre la gente culta de Miami. (Parece que lo basan en que el cantor de Opera canta «el Adios a la vida» de Tosca).

ORDEN. *Pertenecer alguien a la orden de los Templarios.* Gustarle mucho el acostarse con mujeres. «El obre marido la hace sufrir mucho porque la engaña. Figurate que pertenece a la orden de los Templarios». (Es cubanismo de clase culta). (*Templar,* en cubano, es fornicar).

ORO. Ver *Cinturón.*

OSO. Ver *Careta.*

OVÁRICA. *Ser una mujer ovárica.* 1.—Estar siempre de mal humor. *«No se le puede hablar. Es ovárica».* 2.—Cambiar alguien de opinión continuamente. *«Ayer decía una cosa y hoy otra. Es una mujer ovárica».*

OVEJO. *Estar arrinconado como ovejo* con *gusano.* Estar deprimido. «Roberto, tienes una cara que estas arrinconado como ovejo con gusano». (Es cubanismo del campo cubano. El ovejo cuando se agusana porque lo muerde el perro se echa tristón en un rincón).

OXÍGENO. Ver *Balón.*

P

PACIENCIA. *Paciencia y engurruñate*. Mucha paciencia. «Vieja no puedo aguantar tanto trabajo. Paciencia y engurruñate».

PACHANGA. *Querer alguien pachanga é, pachanga á*. Estar alguien en busca de un problema. «Estaba mortificándome y yo le dije: tú quieres pachanga é, pachanga á. Y tuvimos el problema». («Pachanga puede ser asimismo fiesta: «En casa de Juan hubo una pachanga. Como nos divertimos». O lío: «Se formó una pachanga con muertos y heridos». O cosa hecha sin seriedad: «Ese presupuesto es una pachanga». O: Andar de fiesta. Se dice, entonces: Andar de pachanga.» «Anoche estuvimos de pachanga».

PAIS. *El pais de los visiversa*. Cuba. «Aquí todo sale mal porque estamos en el pais de los viciversa». (Ya apenas se oyé sinó entre gente muy vieja. Fue popularizado por un periódico político: *La Semana Cómica*).

PAJAREAR. *Irse a pajarear*. Irse a perder el tiempo. «Mi mujer se iba a pajarear por ahí y no cocinaba».

PAJARERA. *Apartamento alto*. «Yo vivo en la pajarera. Tienes que tomar el elevador».

PALANTE. *Palante y palante y al que no le guste que tome purgante*. Hacer lo que sea necesario sin importar a quien se lleva por delante. «En que, solante y palante, ya que un le guite que tome purgante». «Así que, palante y palante y al que no le guste que tome purgante».

PALO. *Ser gente tras del palo*. Ser gente que no ve la realidad. «Eso ya se sabía. Ustedes son gente tras del palo». Se dice, asimismo, del que no tiene visión del futuro: «Fracasó por ser gente tras del palo. Ya se sabía que ese negocio no daba». (Es cubanismo de lo campesinos cubanos).

PALOMÓN. *Ser algo un palomón al cuadro*. Ser fácil. «Eso es un palomón al cuadro. Lo hago en dos minutos». (Viene del juego de pelota). (Cuando la bola esta en el aire en la zona que no es la de los «jardineros» es muy facíl de coger y se llama: palomón al cuadro). (Para el significado de «jardinero» verlo en la J).

PAN. *Pan de patín*. Tipo de pan cubano que tiene una separación en el medio. «Comete sólo una parte de ese pan de patín». Para más de *Pan* ver *Gallego*.

PANAVISIÓN. Ver *Ojo*.

PANCHO. *No alcanzar a alguien ni Pancho el largo*. Se dice del que se le corre mucho a la mujer. «Al vecino de enfrente no lo alcanza ni Pancho el largo». («Pancho el largo es un personaje de las tiras cómicas que corría mucho. El que que engaña a la mujer se corre. De ahí el cubanismo).

PANDONGA. Jamo pequeño. «No pude encontrar la pandonga así que no fuí a pescar». (*Jamo*: Red en forma de manga. Cubanismo).

PAPÁ. *El que en vida fue Papa Montero*. Ya la fama de ese paso. Ya nadie lo mira. «Sí es Rock Hudson, el gran artista.—Sí el que en vida fue Papá Montero». Sinónimo: *Se llamaba* o Se *Ñamaba*. (El cubanismo se basa en la letra de una canción). *Llego el hijo de Papá Montero*. Llegó el jefe. «Cállate que llego el hijo de Papá Montero».

PAPADEU. *Estar como los papadeu*. Estar alerta. «Yo estoy como los papadeu: con la Torre del vigía: alerta». («*Los papadeu*» Testigo de Jehová en cubano. Tienen una Revista: *Atalaya*. De ahí el cubanismo. Sinónimo. *Papadeno*.)

PAPALOTE. *Empinar el papalote*. Triunfar. «Desde que es joven ha estado empinando el papalote». 2.—Parar el pene. «Me costó mucho tiempo empinar el papalote, anoche». *Estar volando como un papalote*. Estar en el aire. «En esto yo te digo que estoy muy nervioso. Estoy volando como un papalote». (Papalote es una cometa en cubano). 2.—Estar viviendo con recursos magros: «No consigo trabajo y estoy volando como un papalote». *Recoger el papalote*. Moderarse. Se usa casí siempre en imperativo. No me vengas con cuento y recoge el papalote». *Ser alguien el papalote de alguien*. Hacer de él lo que quiera: «El es el papalote de su mujer».

PAPAS. *Regular con papas*. Regular. «Como están las poesías de tu amigo? Regular con papas».

PAPAYA. Ver *Cara*

PAPAUPA. Ver *Monstruo*.

PAPEL. *Gastar alguien un papel de inodoro*. Hablar tonterías. «Ese todos los días gasta un papel de inodoro». (Es decir habla mierda). *Ser un reporte de papel de china*. Tratar con mucho cuidado a una persona para no perjudicarlo. «Ese reporte no sirve. Es de papel de china». *Tratar a alguien con papel de china*. Tratarlo con muchos miramientos. «Me quiere mucho. Siempre que me ve me trata con papel de china». Para *Papel* ver, asimismo, *Producto*.

PAPELETA. *Venderle la papeleta a alguien*. Conlleva a la idea de irse o de huir. Por ejemplo sí uno se va del trabajo se dice: «No me aumentaron el sueldo y les vendí la papeleta». Irse. *Huir*. «Me mandaron a buscar y les vendí la papeleta».

PAPILONIO. Se llama así a las personas obesas. «Por ahí viene Papilonio». (Papilonio es un personaje muy obeso de las tiras cómicas).

PAPO. (El). *Ser alguien el papo en algo*. Ser el que más sabe. «El es el papo en esa materia». Sinónimo. Papaupa.

PAQUETE. *Eso es un paquete de tres avenidas de galletas dulces*. Mentira que se adorna con zalamerías. «Eso que me dices es un paquete de tres avenidas de galletas dulces». 2.—Negocio ilícito bien preparado. «Eso es un paquete de tres avenidas de galletas dulces». Para *Paquete* ver también *Cordelito*.

PARADE. Ver *Hit*.

PARADERO. *Hablar como si se estuviera en el paradero de la Víbora*. Hablar sin modales. «Ese habla como si estuviera en el paradero de la Víbora». (En el Paradero de tranvías y autobuses de la Vibora—Barrio habanero—se reunía mucha gente sin modales).

PARDIÑA. *Ser una mujer pardiña y cachinegrete*. Tener sangre de negro la mujer. «Esa mujer es pardiña y cachinegrete». (Nunca lo he oído aplicado a los hombres).

PARIENTE. *Ser alguien pariente de los Maceos*. Oler mal. «Ese hombre es un cochino. Es pariente de los Maceos». (Es un juego de palabras entre «grajo»— cubanismo para mal olor producido por el sudor— y el apellido del héroe de la independencia de Cuba: Grajales). (Es irreverente).

PARQUE. *Creerse alguien en el parque Trillo*. Hablar como si estuviera pronunciando un discurso. «Oyelo, se cree que está en el parque Trillo». (El Parque Trillo era un sitio de la Habana donde daban casi todas las concentraciones políticas). *Levantarse alguien de Parque Trillo*. Levantarse hablador. «Juan se levantó de Parque Trillo».

· PARTIDO. *No poder ser alguien partido de gobierno*. Se dice del que se opone a todo. «Así que no quieres ir a esa playa. Tú no puedes ser partido de gobierno». (Es decir, estar siempre en la oposición).

PARTO. *Estar fuera de parto una mujer*. Quedarse para vestir santo. «Esa mujer está fuera de parto».

PASARSE. Excederse. «Con éso que le dijiste a Juan te pasaste. Fuiste muy duro». *Pasarse pa la yunai*. Ver tomo I de este diccionario.

PASTILLA. *Si no te vas a bañar no me saques la pastilla*. Si no vas a hacer la cosa no me vengas con cuentos de caminos. «Oyé dime sí o no. Si no te vas a bañar no me saques la pastilla. Esta bueno ya de historias».

PASTILLAZO. *Estar alguien «redi» para el pastillazo*. Tener alguien la muerte rondándolo. «Se metió en ese negocito y está «redi» para el pastillazo. (Es un cubanismo nacido en el exilio. Por eso usa la palabra «ready» el cubano pronuncia «redi». Sinónimo. *Estar listo alguien para la toma de la Bastilla*. Esto esta basado en un chiste, que dice: se levanta el telón y se aparece un polaco tomándose una pastilla con agua. Cae el telón. ¿Cómo se llama el drama? Respuesta: «La toma de la Bastilla. El judio, le dicen polaco, en Cuba, pronuncia «pastilla» en vez de Bastilla.

PATA. *Abrirse de patas alguien*. Acobardarse. «Ese hombre se abrió de patas cuando vio el revólver». *Tener una mujer una pata de palo*. Ser liviana de cascos. «No hay que extrañarse de que se le haya ido al marido porque todo el mundo sabía que ella tenía una pata de palo». (Es decir cojeaba). (El «cojea» se dice en castizo cuando se habla de un defecto de alguien; cuando alguien no es trigo limpio. De ahí el cubanismo). Ver también para *Pata, Banco*.

PATADA. *Ser algo una patada en el hígado*. Ser algo totalmente falta de gracia. «Ese chiste es una patada en el hígado».

PATICO. Ver *Pollo*.

PATÍN. Ver *Pan*.

PATIÑERO. *Formar un patiñero*. Formar un fanguero. «Me vas a formar un patiñero».

PATRIA. *Hacer una patria nueva*. Divorciarse de viejo, casarse y empezar a tener hijos. «Tú puedes creer que a los sesenta empezó a hacer una patria nueva». *Hacer patria*. Tener hijos. «Juan esta haciendo patria, contínuamente. Van cinco».

PECUÑA. Moneda de veinte centavos. «Dame una pecuña para ir al cine».

PEGAR. *Si pego me convierten en sello*. Negarse a trabajar alquien para que no abusen de él y no le den descanso. «Vas a manejar? —No, porque si pego me convierto en sello». («Pegar», en cubano, es trabajar, es decir lo hacen manejar sin darle descanso. Por eso se niega a manejar).

PEI OF. *Le voy a dar un pei of que no hay Ministerio de Trabajo. que lo reponga*. Echar a alguien a cajas destempladas. «Me ha amargado tanto la vida que le voy a dar un pei of que no hay Ministerio de Trabajo que lo reponga». (Es cubanismo del exilio). Pei of es la manera que el cubano pronuncia el inglés «pay-off»).

PEINETAS. Se le llama así a las uñas de los dedos gordos de los pies cuando están muy crecidas por las formas que toman. «Cuando yo le corté las uñas vi que tenía dos peinetas».

PEITO. Se llama así a una mujer echada para atras, orgullosa. «Esa es un peito». También «fea». «Qué fea esa mujer. Es un peito».

PELÍCULA. *Ser algo eterno como la película*. «Nuestro amor es como la película». (La película a que se refiere es: *De aquí a la eternidad*. (Es cubanismo muy poco usual). Ver, además, *Tarzán*.

PELOTA. *No se puede jugar con esa pelota*. Eso no se debe hacer. «El se puso a tener malos amigos y mira como terminó. No se puede jugar con esa pelota». *Poner la pelota a alguien para que la batee*. Tratarlo suavemente. «No quise tratarlo duro. Y le puse la pelota para que la bateara». (Utiliza el lenguaje de la pelota: base ball).

PELÚA. Mujer que es una cualquiera. «Esa es una pelúa. No te quiero ver con ella».

PENCO. Homosexual. «Juan es un penco». *Ser una mujer, un penco*. Ser una mujer fea. «Tu novia es un penco». Sinónimo: *Ser una mujer, un casco*. *Estar para el tigre*. Antónimo: *Estar como me la recetó el médico*.

PEO. *Ser un peo de la Filarmónica*. «Ser un gas largo con sonido de flauta». «Es tan sucio que se tiró un peo de la Filarmónica». (La Filarmónica era la Orquesta Sinfónica de la Habana). (El cubanismo se originó entre los concurrentes a los conciertos. No se oye en las clases bajas).

PEOR. *Ser algo peor que salir de Cuba por la Embajada del Perú*. Ser lo más malo del mundo. «Esto que tu haces es peor que salir de Cuba por la

Embajada del Perú». (Cubanismo nacido en el exilio. En la Embajada del Perú, en Cuba, se asilaron once mil personas que pasaron trabajos inimaginables. De ahí el cubanismo).

PEPE. *Ser alguien Pepe Machete.* Tener un pene grande. «Desde niño le dicen Pepe Machete».

PERICO. *Ser Perico Trastueque.* Hablarlo todo en forma ininteligible. «Ese político es Perico Trastueque. No se sabe lo que dice». (Lo he oído también como «hablar como Perico Trastueque»). (Perico era un personaje de la televisión en Cuba que hablaba trastocado).

PERIQUITO. *Portarse como Periquito entre ellas.* Coquetear un hombre. «En la fiesta de anoche te portaste como Periquito entre ellas». (Se oye más en la provincia de Camagüey, en el centro de Cuba). Ver además, *Jaula para Periquito.*

PERPENDICULAR. *Tenerlos perpendiculares y con encajes.* Ser muy osado Al hacer eso te digo que él los tiene perpendiculares y con encajes». (Se refiere a «los testículos», signo de virilidad en la cultura española).

PERRA. *Estar alguien como la perra.* Estar de malhumor, nervioso. «Juan está hoy como la perra. No se le puede hablar». (Es decir estar descompuesto. Como la perra está descompuesta, se hace un juego de palabras y surge el cubanismo). *Estar alguien siempre agachado como las perras.* Ser maricón. «Juan siempre está agachado como las perras». Sinónimo: *Ser un penco. Ser un pichón que da brinquitos».*

PEREZ. Ver *Angela.*

PERRO. *Estar alguien como los perros cuando los sacan a mear.* Cogido por la correa. Sin poderse mover. «Mi marido no me puede engañar porque está como los perros cuando los sacan a mear». *Parecer alguien un perro de agua.* Tener pellejos colgando en la cara debido a una dieta. «Juan parece un perro de agua». (Se oye sólo entre gente culta). *Ser un perro limpia nío.* Ser un perro que no sirve para nada. «Lo eché al camino porque es un perro limpia nío». Se aplica a las personas. «Como lo vas a contratar si es un perro limpia nío. (El perro limpia nío, o sea, que «limpia nidos», es el que se come los huevos de los nidos. El campesino cubano pronuncia «limpia nío». Cuando se acostumbra a eso no sirve para nada; no presta ningún servicio. De ahí el cubanismo que es de origen campesino). *Ser como los perros.* Ser una persona muy dormilona. «Federica es como los perros». (Los perros se pasan casi todo el día echados y durmiendo. De ahí el cubanismo). *Tener a alguien como los perros.* Entrenado. «Lo tiene a su marido como los perros».

PERSA. Ver *Gato.*

PERSONA. *Ser dos personas como disco musical.* No entenderse. «Ese matrimonio es como disco musical». (Es decir que como es un disco musical cantan en diferente tono).

PERUCHO. *Estar en el plan de Perucho.* Se usa el cubanismo en el sentido de estar muy bien alguien, de vivir regalado; de llevar una vida regia. «Vive como nadie porque está en el plan de Perucho». (He oído asimismo:

«estar en el plan de Perucho: comer poco y singar mucho». Singar es fornicar en cubano).

PESCADO. *Estar alguien como un pescado podrido de la tarima de la plaza.* Estar a punto de perder el puesto, el poder, etc. «Se mantuvo de presidente de la compañía por mucho tiempo pero ya está como pescado podrido de la tarima de la plaza». (Es cubanismo del exilio. Lo he oído mucho aplicado al gobierno de Cuba: «Castro está como un pescado podrido de la tarima de la plaza». Está al perder el poder). *Ser alguien un pescado podrido.* Estar a punto de ser eliminado alguien. «Ese hombre es un pescado podrido». (Al pescado podrido se le bota, de ahí el cubanismo). Lo he oído varias veces con respecto a Fidel Castro con motivo del éxodo de Mariel y los asilados en la Embajada del Perú en esta forma: «Para los rusos Fidel es un pescado podrido», o sea, que van a eliminar a Fidel. *El pescado se pudre por la cabeza.* Los gobiernos, las organizaciones fracasan porque el jefe máximo fracasa. «El llevó a esa organización al fracaso, con tan buena base que tenía. Es que el pescado se pudre por la cabeza».

PESTILLO. *Irsele a alguien el pestillo.* Enfurecerse de pronto». Me dijo aquellas palabras ofensivas y se me fue el pestillo. Lo puse nuevo».

PETARDERO. *Jugador que le da fuerte a la pelota en el juego de pelota (baseball).* «Ese jugador es un petardero. El lanzador tiene que tener mucho cuidado con él».

PETARDO. *Ponerle a alguien el petardo bueno.* Engañarlo con algo bien preparado. «Lo derrotó porque, como tú sabes, le puso el petardo bueno».

PETRÓLEO. Ver *Mancha.*

PIANISTA. *Si fueran pianistas tocan a duo.* Se dice cuando se ve a alguien reunido con un homosexual para indicar que también lo es. —«¿Tú crees que Juan sea homosexual como Pedro? —Si fuera pianista toca a duo».

PICA. *Por eso me pica aquí y voy a rascarme allá.* Eso no me da ni frío ni calor». «Se murió Juan. Por eso me pica y voy a rascarme allá». (El cubanismo es la letra de una canción). *Tener alguien pica pica.* Tener ganas de practicar el coito. «Ese hombre tiene hoy pica pica. *Tener pica pica en el culo.* No estarse tranquilo. «Qué hombre más inquieto. Tiene pica pica en el culo.» Sinónimo. *Tener ajibobito en el culo. (Ajibobito:* tipo de ají picante). *Tener la mujer pica pica en el bollo.* Acostarse con cualquiera. «Esa mujer tiene pica pica en el bollo.» (*Bollo:* aparato sexual de la mujer).

PICADILLO. *Ser algo como el picadillo.* Ser algo aburrido. «Ese hombre es como el picadillo». (El picadillo es una comida cubana que se sirve tanto que aburre. De ahí el cubanismo). Sinónimo: *Ser algo como el arroz.*

PICAR. Ver *Ahora.*

PICHA. Ser alguien una picha de perro. Ser muy insistente. «Dale lo que te pide que es una picha de perro». (Picha es un cubanismo que indica «pene»)

PICHER. *Meterle a una mujer de picher suplente.* Engañarla. «Tanta familiaridad con Olga. El marido le mete pronto a Lolita, de picher suplente». («Pitcher» es una palabra inglesa del juego de pelota baseball. En español se dice lanzador. El cubano pronuncia «picher»).

PICHÓN. *Ser pichón que da brinquitos.* Ser homosexual. «Ese es *Un pichón que da brinquitos.* Se dice, asimismo: *Dar alguien brinquitos.* Sinónimo: Ver *Perra:* Estar siempre agachado...

PIERNAS. Ver *Muelle.*

PILÓN. *Un pilón de veces.* Muchas veces. «Tuve que repetir la cosa un pilón de veces».

PILOTO (Un). Fiestecita familiar en la Cuba de hoy. «Vamos al piloto». Sinónimo. *Guateque.* (Traido al exilio por los cubanos llegados por Mariel). *Hacer un piloto.* Preparar una fiestecita en la Cuba castrista. «Como tengo dinero voy a hacer un piloto». Sinónimo. *Preparar un guateque.*

PILTRAFA. Ver *Gato.*

PINCHA (La). «A mí me gusta la pincha esta». El trabajo. (Cubanismo que se oye en Cuba y fue traido al exilio por los refugiados llegados por Mariel).

PIÑATA. Mujer de sociedad vestida ridículamente. «En la fiesta abundan las piñatas».

PIOJO. Ver *Chino.*

PIPA. *Tomar más agua que una pipa.* Tomar mucha agua. «Anoche me emborraché y tomé más agua que una pipa».

PIPINAZO. *Orinar mucho.* «Antonio, eso es orinar. Eso es un pipinazo».

PIQUITO. *Darse el piquito.* Besarse como los pajaritos. «Esos enamorados se dan el piquito».

PIRAVEAR. *Fornicar.* «La policía los cogió piraviando». (Es lenguaje del chuchero, personaje de germanía en Cuba. Ver para una definición completa de chuchero, el tomo I de este diccionario).

PIREY. *Carboncillos que suelta el carbón.* «¡Qué pirey ese!: Se le mete a uno por la nariz de lo fino que es». 2. Suciedad. «Está la ropa llena de pirey».

PIRRELI. *Echar un pirreli.* Huir. «Yo cuando vi como se ponía la cosa, eché un pirreli».

PISICORRE. Tipo de relación con la mujer en la que sólo se acuesta el hombre con ella sin tener otro tipo de obligación, para evitar el enamorarse de ella. «Lo mejor con una mujer es el pisicorre». (El cubanismo está formado de las voces: pisar-fornicar y corre-correr).

PISO. *Estar alguien en el piso.* Caído de ánimo. «Juan está hoy con lo del hijo, en el piso».

PITA. *Conocer la pita del trompo.* Conocer a una persona. «No tienes que advertirme. Yo conozco la pita del trompo». Para *Pita,* ver igualmente, *Trompo.*

PITAZO. *Darse un pitazo.* Fumar marihuana. «Ayer lo cogieron dándose un pitazo». (El cigarrillo de marihuana se llama «pito» en cubano, de ahí el cubanismo).

PITO. *Pito de auxilio.* Tipo de comida. «Qué rico está este pito de auxilio». *Comerse un pito de auxilio.* Comer una comida rápida y barata. «Este pito de auxilio no estaba malo y me ha salvado la vida». Para más de *Pito,* ver *Lindoro.*

PITUSA. *Pantalones de mecánicos.* «Me encantan esas pitusas». (Es Cubanismo que se usa hoy en Cuba. Fue traído al exilio por los «Marielitos»). Ver *Marielitos.*

PLACER. Ver *Gato.*

PLANCHA. Ver *Resistencia.*

PLANTE. *Número de sacos de carbón.* «El plante esta noche es grande». (Cubanismo que se usa en la Ciénega de Zapata en Cuba y zonas aledañas). 2. Motín en la cárcel. «El plante fue grandísimo. Muriern muchos presos». 3. Grupo de madera para hacer carbón. «Ya tenemos el plante preparado para el horno». (Cubanismo en la Ciénega de Zapata en Cuba y sitios aledaños).

PLANTILLERO. *Se dice del que alardea de lo que no tiene.* «No te creas lo de sus riquezas. Es un plantillero».

PLÁTANO. *Tener a alguien como al plátano verde.* Tenerlo aplastado. «Tiene a todos los miembros de su familia como al plátano verde». (El plátano verde se corta y se aplasta y se hace lo que en Cuba llaman «Mariquitas»).

PLATO. *Ser la vida como un plato.* Ser una vida sin problemas. «Chico, mi vida siempre ha sido como un plato». (Es decir, ha sido llana como el plato llano. De ahí el cubanismo).

PLAYA. *Haber una playa de algo.* Haber mucho. «Había una playa de mujeres en la reunión».

PLEIN. Ver *Negrito.*

PLIEGUE. Ver *Joroba.*

PLUMA. *No tener plumas pero sí cañones.* Se dice cuando alguien no parece ser homosexual pero se está seguro que lo es. «Mira, no es hombre. Si no tiene plumas, por lo menos tiene cañones».

PONCHADO. *Estar ponchado alguien.* Estar loco. «Juan está ponchado (Es un término del base ball. Juego de pelota. El que está ponchado es el que en tres ocasiones falla al tirarle a la pelota». Sinónimo: *Estar fundido. Estar quemado. Estar tostado.*

PONCHADOR. *Tener un ponchador entre las piernas.* Acostarse una mujer con todo el mundo. «Esa mujer lo que tiene entre las piernas es un ponchador».

PONI. *Estar una muchachita de poni teil.* Tener trenzas largas. «Desde que la conozco ha estado de «poni teil». (Es un cubanismo del exilio. El cubano pronuncia «pony» y «teil», tail; rabo.) En el Slang americano un «pony» es una mujer joven.

POMO. Ver *Tapa.*

POR SIACA. *Por si acaso..* «Por siaca yo compraré estos bonos».
PORTALES. *Vete a singar por los portales.* Vete para el carajo. «Mira no me vengas con esa. Vete a singar por los portales». (*Singar* es un cubanismo que quiere decir: fornicar).
POTRICO. *Comer más que un potrico huérfano.* Comer mucho. «Ese muchacho come más que un potrico huérfano.» (Es de origen campesino el cubanismo).
POLACA. *Parecer alguien una polaca.* 1.- Llevar muchos paquetes. «Parece una polaca tu mamá. Compró media tienda». 2.- Trabajar en varios puestos, en varios lugares a la vez. «Estoy vieja, hecha una polaca: De un trabajo para otro».
POLICIA. *Jugar a los policías y ladrones.* Se dice cuando alguien usa un vestido, con cuadritos arriba y abajo. «Esa mujer está jugando a los policías y ladrones». Ver también *Carro.*
POLILLA. *No ser polilla sino guasasa.* No saber mucho sino muchísimo. «Ese no es polilla sino guasasa». (La «guasasa» es un insecto cubano).
POLITIQUERO. *Ser un politiquero peor que los del Parque Trillo.* Ser un político que jamás cumple nada de lo prometido. «Mi hermano salió un politiquero peor que los del Parque Trillo». (El Parque Trillo era un sitio, en la Habana, de concentraciones políticas donde los políticos hacían muchas promesas al pueblo).
POLLO. *Largar a alguien como el pollo.* Destruirlo. «Esa mujer largó al marido como el pollo. También lo he oído: «largarlo como a un patico». *Ser como el pollo.* Ser persistente. «Juan no fracasará porque es como el pollo». (El pollo es persistente arriba de los granos de maíz cuando los ve, hasta comerlos todos. De ahí el cubanismo. *Ser alguien un pollo con moquillo.* Ser una persona madura. «No hay joven que se case contigo porque tú eres un pollo con moquillo». *Salir un pollo caminando.* Arrojar alguien un gargajo grande. «Viste, salió un pollo caminando». Sinónimo: *Un pollo de cría.* «Es un asqueroso. Mira que pollo con cría acaba de expectorar.» Para *pollo,* ver además, *Caporal.*
PRIMAVERA. *Ser alguien como la primavera.* Ser inolvidable. «Tu eres como la primavera.» (Se basa en una canción que dice: «Inolvidable primavera»).
PROBLEMAS. *Tener problemas espirituales.* Tener problemas por tener los dioses africanos en contra. «Tenemos muchos problemas espirituales en la familia en estos momentos». (Es lenguaje de las religiones africanas que en Cuba subsisten).
PRODUCTO. *Ser algo prducto de Emiliano.* Ser producido bajo el efecto de la marihuana. «Ese libro es tan malo porque es un producto de Emiliano» («Un Emiliano Zapata» es un cigarro de marihuana fuertísimo.*Ser alguien producto de ferretería.* Ser muy poco cariñoso. «No le hagas caso. No es malo, pero es un producto de ferretería». (En las ferreterías venden el papel de lija, de ahí el cubanismo). Sinónimo. *Ser alguien papel de lija.*
PROFESIONAL. *Ser un profesional Tino Dentino.* (médico, dentista). Ser

un mal profesional. «Ese es un dentista Tino Dentino». (Tino Dentino era un personaje cómico de la televisión. Al compararlo con el profesional, el cubanismo quiere indicar que el profesionl es de la categoría del cómico). Sinónimo. *Ser un profesional de relajo.*

PROPELA. Ver *Rabo.*

PUCHERAZO. *Haber un pucherazo.* Haber muerto el marido y la mujer al mismo tiempo (asesinados; en un accidente...) «Ayer, entre los sucesos, hubo un pucherazo». (Se basa en el caso de un señor llamado Pucho, que en Miami mató a su señora: Pucha. Es cubanismo del exilio).

PUENTE. *Tener dos personas un puente aéreo.* Ser muy chismosos. «Esos dos son de temer: tienen un puente aéreo.»

PUERCO. Ver *Chulo.*

PULGAS. *Tener alguien pulgas.* Estar ya viejo. «No andes enamorando esa mujer que tú ya tienes pulgas. Es muy joven para ti».

PUNCH. *Tener punch.* Tener influencia. «El tiene un gran punch en el gobierno». (*Punch,* en inglés, es la fuerza que el pugilista tiene en la pegada»).

PUPA. *Hacer a alguien pupa.* Destruirlo. «Lo hice pupa a golpe limpio». «Lo hice pupa en las conferencias de dialectología. Se creía un sabio y no lo pude aguantar».

PUTAS. *Estar como las putas.* Trabajar mucho. «Vieja, estoy como las putas: soltando el alma». (Las putas están de la casa al sitio del trabajo, y del sitio del trabajo a la casa).

PUTERÍA. *Putería en seco.* Adoptar una mujer, posiciones de coquetería extrema. «Ahí la tienes, a Estrella, con su putería en seco».

PUYA. *Poco.* «Dame una puya de café». (Es término del campo cubano).

Q

QUEMA. *Ser alguien bueno para la quema.* No servir para nada alguien. Esta frase se usa cuando alguien dice, por ejemplo, «Juan es bueno». Se le contesta: «Bueno para la quema» o sea, «para matarlo».

QUEMADO. *Estar alguien quemado.* 1. Haber tenido muy mala experiencia con algo y por lo tanto tener mucha experiencia. «No hay quien le haga un cuento en los negocios, porque lo han quemado mucho» (o está muy quemado). 2. Estar loco. «Juan está quemado, Hay que recluirlo». Sinónimo: *Estar tostado.* 3. Se dice de la persona que por haber sido muy utilizada en una misión revolucionaria es muy conocida. «No la utilices en esa misión que está quemada». (Es lenguaje que se usa cuando hay revolución). 4. Persona que por saberse que no actúa bien, no tiene credibilidad. «Cómo vas a mandar de representante a Pedro. Está quemado con esa gente». *Haber quemado a alguien mucho.* Haberle pedido algo, favores, dinero, etc. mucho. «No puedo tocar a su puerta, lo he quemado mucho. Tengo que quebrar» (pedirle dinero). «No puedo verlo, para eso lo he quemado mucho. Mi hija no obtendrá el puesto». (Para que de un puesto).

QUERINGANDEO. *Acción de tener muchas queridas.* «Su queringandeo es un escándalo».

QUERINGANDERO. *Se dice del que tiene muchas queridas.* «Es un queringandero terrible».

QUESO. *Poner a alguien como queso gruyere.* Llenarlo de tiros. «A Juan lo pusieron como queso gruyere». (El queso Gruyere está lleno de huecos. De ahí el cubanismo).

QUIEBRAHACHA. *Ser alguien palo quiebrahacha.* Soportar todas las desgracias de la vida. «Yo he sufrido mucho, pero soy palo quiebrahacha». 2.-No dar su brazo a torcer. «No importa lo que tú me digas: yo soy palo quiebrahacha». (La quiebrahacha es madera durísima, como indica el nombre. De ahí el cubanismo).

QUINCALLA. *Parecer una quincalla.* Llevar muchas cosas encima. «Esa mujer parece una quincalla». Sinónimo: Parecer un gitano señorío. (El sinónimo viene de una canción española).

QUINTO. *Echar un quinto al piano.* Tocar muy bien el piano. «Ese hecha un quinto al piano». (Lenguaje de los cubanos que llegaron a Miami, Florida, Estados Unidos, en 1980, por puente marítimo Mariel-Cayo

Hueso. Se aplica a infinidad de situaciones «echar un quinto en el baile», «en la pelota», etc).

QUITE. *Darle un quite a alguien.* Quitárselo de arriba. «Me pidió dinero pero le pude dar un quite». (Lenguaje de los llegados del Mariel).

R

RABO. *Crecer como el rabo de la vaca.* Contestación que se da cuando uno le dice a alguien: «Oye, estás creciendo mucho». Sí, estoy creciendo como el rabo de la vaca. Es decir, no estoy creciendo. Se aplica no sólo a la estatura, sino a la vida en general. «Oye, cómo estás creciendo en tu carrera de abogado», «Sí, estoy creciendo como el rabo de la vaca». (En los casos como este que no son de estatura, significa lo contrario: «la cosa no va bien». Que no se está creciendo, sino todo lo contrario, fracasando). *Tener alguien el rabo encendido.* Ser muy viril. «Ella quedó muy satisfecha, porque yo tenía el rabo encendido». (El cubanismo apela a lo chistoso, porque hay una comida cubana que se llama «rabo encendido». De ahí que lo opuesto de este cubanismo sea: *Tener el rabo apagado.* Sinónimo: *Tener una propela en el tolete.*

RABUJA. *Boniato pequeño.* «Sólo hemos cosechado rabujas». Por autonomasia se aplica a la persona que no sirve para nada. «Mi hermano resultó un rabuja».

RACIÓN. *Necesitar un hombre una ración de testivital y de ostiones de Sagua* Ser muy viejo para realizar el acto sexual. «Se casa con una muchachita joven, cuando lo que necesita es una ración de testivital y ostiones de Sagua». (El Testivital era un producto farmacéutico para la virilidad, y los ostiones de Sagua son el producto marino que se da en mayor abundancia en Sagua la Grande, en la provincia de Las Villas, Cubas. Se dice que tiene el ostión, propiedades afrodisíacas). Sinónimo:*Necesitar una sopa de cherna.*

RAFAEL. *Ser como Rafael del Junco.* No soltar prenda. «Puedes confiarle cualquier cosa. Juan es como Rafael del Junco.» (Rafael del Junco es el personaje de una novela del autor cubano Felix B. Caignet, titulada «El derecho de nacer». No hablaba porque estaba enfermo, de ahí el cubanismo. Durante la novela se espera que hable pero no lo hace hasta el final.) *Ya don Rafael del Junco habló, o Ya don Rafael habló.* Ya, a Dios gracias, no hay problema; solucionaremos algo.¿ Como sigue tu hermano? Ya don Rafael del Junco habló, está de vuelta en la casa.

RAFLES. *Ser el Rafles del amor.* Se dice del que tiene un amante. Y no hay forma de descubrirlo. «Mi marido es el Rafles del amor». (*Rafles,* es el ladrón de las manos de seda. Es un personaje de ficción. Sinónimo. *Ser un cover up.* Es sinónimo que se usa en el exilio cubano. Se usa la palabra inglesa «cover up»: encubrir sin dejar huellas. «El es un «cover up» lo hace todo perfeco. No deja huellas.»

RAMA. Ver *Tarzán*.

RARO. *Moverse raro*. «Estar en un negocio ilícito». «Juan, tu te estás moviendo hoy raro». (Lenguaje de los cubanos llegados por Mariel).

RASCARSE. *Nadie se rasca para afuera sino par adentro*. Todo el mundo arrima la brasa a su sardina. «Tú debes de saber que en la vida nadie se rasca para afuera sino para adentro». Ver además, *Ahora*.

RASTRO. *Llevar para la casa un rastro*. Se usa por las mujeres cuando el marido toma y se emborracha y se pone en un estado deplorable. «Si toma bebida lo que llevo para casa es un rastro».

RASPA. Ver *Cazuela*.

RATON. *Estar como el ratón*. Se dice de la mujer que se echa mucha grasa en la cara para no envejecer. «Esa mujer está como el ratón». También: estar husmeando. Cuídate de ese hombre, es como el ratón.

RATONERO. *Ser algo ratonero*. Que no sirve, de baja calidad. «Eso es un concierto ratonero». «Esa música es ratonera».

RED. *Ser alguien Red Butler*. Haber pasado de moda, su tiempo. «A los políticos cubanos les dicen Red Butler». (Red Butler es el personaje principal de la película «Gone with the wind», «Lo que el viento se llevó».

REGAJERO. *Reguero*. «No soporto el regajero éste».

RAYO. *Ser rayo veloz para el dinero*. Gustarle mucho el dinero. «Este muchacho es rayo veloz para el dinero». (Es cubanismo del exilio).

RASTRAPELUSA. *Ser un rastrapelusa*. Ser un individuo de baja estofa. «Ese es un rastrapelusa. No se cómo se atreve a venir a este lugar».

REGLA. *Estar hecho algo una Regla Burujón*. Se dice del que afirma que no quiere pero quiere. Equivale a *non quiero no quiero échamelo en el sombrero*. «Chico, tú no nos engañas. Estás hecho una Regla Burujón cualquiera». (El cubanismo se oye preferentemente en el pueblo de Regla, en Cuba).

RELAJO. Ver *Profesional*.

REPELLO. *Gustarle a una mujer el repello*. Gustarle que la toquen libidinosamente. «Yo estoy seguro que a Cuquita le gusta el repello».

RESINGASIÓN. *Resignación*. Hay que tener mucha resignasión. Es un juego de palabras en que interviene la palabra «Singar»: cubanismo que quiere decir: fornicar y «resignarse».

RESISTENCIA. *Tener alguien más resistencia que una plancha*. Tener mucho aguante. «Como soporta a la novia. Tiene más resistencia que una plancha».

REINBÓ. *Tener un «reinbó» de chequeras*. Tener varias cuentas bancarias en el exilio. «Juan tiene un reinbo de chequeras». (La palabra «reinbó» viene de «rainbow» —arcoiris—. El cubano pronuncia «reinbo». De ahí el cubanismo. «Reinbó» equivale a muchas cosas y se usa en muchas situaciones; tiene un «reinbo» de pecas; tiene un «reinbo» de buenas cualidades…)

RELAJO. *Hacer relajo*. Adoptar posiciones raras en el acto sexual.

«A mi no me gusta hacer relajo. Va contra la naturaleza».

RELOJ. *Reloj que rompe la hora.* Reloj bueno. Ese que tienes puesto es un reloj que rompe la hora».

REY. *Creerse alguien que es el Rey del Ayatibo.* Creerse que tiene a Dios cogido por las barbas. «Dios te va a castigar por creerte el rey del Ayatibo». (El Ayatibo es el nombre de un valle de los episodios inmensamente populares en Cuba, de la autoría de Armando Couto, titulados: «Los tres Villalobos».

RIPLEY. *Llevar a alguien a Ripley.* Se dice principalmente a las mujeres que se quitan edad. (Ripley, periodista norteamericano que tenía en los periódicos del mundo una sección de cosas inusitadas, increíbles). «Yo a esa mujer la voy a llevar a Ripley». (Es cubanismo del exilio).

RISPADITA. *No tener una rispadita.* No parecerse a...«Ese niño no tiene una rispadita de ti».

ROJA. Ver *mujer.*

ROLI. *Salir algo de roli.* Salir bien. «Ese exámen, me salió de roli».(Viene del término beisbolero del inglés: «roll it»). El cubano pronuncia: «roli».

RONCHAS. *Levantar ronchas.* Dar cheques sin fondo. «Está preso por las ronchas que ha levantado. Más de cien mil pesos».

ROSADO. *Ver Chino.*

ROSITA. *Tipo de material rocoso para terraplenes.* «Pon toda la rosita aquí para moverla más tarde en los camiones y hacer el terraplén».

RUEDA. *Ser rueda de buen diente.* Manejar bien. «Juan es rueda de buen diente».

RUEGO. *Hacer un ruego de cabeza.* Ceremonia de las religiones africanas, en la que se lava la cabeza del neófito. «Hoy voy a hacer un ruego de cabeza». (También lo he ido como «Rogar la cabeza» o «Rogar la cabeza al santo».

RUMBA. *Bailarle a alguien la rumba.* Alabarlo en forma bochornosa. «Me apena como le baila la rumba al jefe». Sinónimo: *Dar coba.* (Dar coba algunos creen que es madrileñísimo).

RUMBERO. Ver *esqueleto.*

RUSO. *Mulato o judío* que tenía en Cuba el pelo rizado. «Ese es un ruso. Se le ve en el pelo».

RUTINERA. *Persona rutinera.* Se dice de la persona que está en todos los sitios, que se le ve por todos lados. «Esa es una negra rutinera». (Es decir, que se le ve en cualquier sitio, en todos los bailes, etc. La palabra rutinera viene de «ruta», es decir, la negra coge todas las rutas para todos lados.) (En Cuba, al itinerario de los ómnibus además, se le llama «ruta»).

RUTOSO. *Que dice hacer mucho, pero no hace nada.* «Todo eso del negocio es un cuento. Si es un rutoso.»

S

SACO. *Ser alguien un saco de ay ay ay.* 1.— Se dice de la persona que se queja mucho. «El no tiene nada pero es un saco de ay, ay, ay». 2.— Ser hipocondríaco. «Es un saco de ay ay ay. Hay que tenerlo siempre en el médico.

SAGUESERO. *Estar hecho un saguesero.* No tener maneras. «Este hombre está ya hecho un saguesero». (La palabra viene de «saguesera» que es la forma derivada del inglés «south west», zona donde comenzaron a establecerse los cubanos al llegar a Estados Unidos que poco a poco se ha ido deteriorando socialmente).

SALOMÓN. *Salomón ahumando.* Salmón ahumado. «Dame un salomón ahumando». (Es cubanismo de tipo gracioso, aunque tenga poca gracia).

SALSEAR. *Gozar de la vida.* «Como recuerdo esos pueblos dnde yo salseaba cuando era niño».

SALTAR. *Saltarle a la mujer.* Engañarla. Le está saltando a la mujer continuamente». (Es cubanismo nacido en el exilio).

SANTIAGO. *Parecerse a un Santiago Habana.* Usar espejuelos grandes de tipo calobar. «Tú pareces un Santiago-Habana». (Los ómnibus que iban desde la ciudad de Santiago de Cuba, en la provincia de Oriente a La Habana, tenían unos parabrisas grandes con un color igual que el de los espejuelos. De ahí el cubanismo).

SALUD. *Salud y Belascoaín.* Salud «Bueno señores, brindemos. Salud y Belascoaín». (Salud y Belascoaín son dos calles de La Habana).

SANTO. *Montar alguien un santo.* Preparar una mentira. «Hay que vigilarlo pues está montando un santo para hacer daño». (Viene de la brujería cubana).

SASTRE. *Ser alguien el sastre del timón.* Tirar unos cortes muy bien hechos cuando se maneja. «No le tengas miedo. El es el sastre del timón».

SANTO. *Darle el santo a alguien.* Enojarse. «Cuando se lo dije, le dio el santo». (Viene de las religiones africanas en Cuba: al que le da el santo durante el rito, se cae al suelo donde se retuerce. De ahí el cubanismo. *Ser como los santos.* Saber mucho. «Ese hombre es como los santos». (Viene de las religiones africanas que subsisten en Cuba debido a la esclavitud y en cuyos panteones hay multitud de santos que son, según los creyentes, dechados de sabiduría).

SAPO. *Ser alguien un sapo.* Vivir del aire. «Yo te digo que ese señor es un sapo». (El sapo vive comiendo insectos en el aire. De ahí el cubanismo).

SARGENTO. *Ser alguien sólamente sargento de barrio.* No tener modales. «Tú no eres más que un sargento de barrio. Ofendes a todo el mundo». (El sargento de barrio era en Cuba un muñidor político, casi siempre de clase muy baja y sin educación. De ahí el cubanismo).

SCOCH. *No poder ser alguien ni «scoch teip».* Ser un vago total. «Ese hombre no puede ser ni «scoch teip». (El «scoch tape», el cubano pronuncia «escoch teip», es una cinta para pegar. El cubanismo viene de que el scoch tape sirve para pegar y de que «pegar» es trabajar en cubano.

SECAR. *Matar.* «Los secaron a todos cuando tomaron el poder».

SECO. Ver *Putería.*

SEGUIDILLA. *Dar seguidilla.* Caerle a alguien encima. «Le di una cantidad de seguidilla que lo volví loco y me firmó el papel».

SELLO. *Ser alguien un sello sin goma.* Ser muy poco cariñoso. «Mi marido es un sello sin goma». (El sello sin goma está despegado. Una persona despegada no es cariñosa. De ahí el cubanismo).

SEÑORA. *Estar alguien como la señora Santana.* Querer lo que ya no se tiene. «No llores más, lo pasado, pasado. Estás como la señora Santana». (Se basa en el canto infantil: «Señora Santana, ¿porqué llora el niño?, por una manzana que se le ha perdido»).

SEA. *Lo que sea pero que sea pronto.* «Yo no le tengo miedo a ese. No me importa que tenga un revólver. Lo voy a buscar. Lo que sea, pero que sea pronto».

SERVICIO. *Tener con una mujer un servicio de mantenimiento.* Estar con ella por costumbre. «Ya yo lo que tengo con mi mujer es un servicio de mantenimiento». (Es cubanismo nacido en el exilio cubano).

SIETE. Ver *Blanca.*

SIJÚ. *Ser un sijú.* Se dice de la persona que sale de noche. «Pedro es un sijú». Sinónimo. *Ser un cotunto. Ser alguien un sijú platanero.* Ser muy feo. «Yo no se como te puedes casar con él, si es un sijú platanero». (Es de origen campesino).

SILVERIO. *Mirar alguien desde el hueco de Silverio Pérez.* Estar muerto «Muchacho, ese mira, hace rato, desde el hueco de Silverio Pérez». (El cubanismo se basa en una canción de Agustín Lara que dice: «Silverio que está en el cielo, se asoma a verte torear...»

SILLA. *Corrérsele a alguien la silla.* Fracasar. «Se creía muy seguro pero se le corrió la silla.» Lo he oído muchos veces pero con el significado de estar a punto de fracasar; o de perder autoridad; o de no volver a tener el poder que se tenía, dando la frase el significado. Por ejemplo, en cuanto al poder: En Polonia, al gobierno con la huelga se le corrió la silla» (fracasó). *La silla de Doña Leonora.* La presidencia de la República de Cuba. «Están luchando los dos, fuertemente, por la silla de Doña Leonora». (Cubanismo casi extinguido. Lo usa sólo la gente muy anciana).

SILLÓN. *Darle a alguien un sillón que se acabó.* Darle silla eléctrica.

«Si mata a un policía, en este país le dan un sillón que se acabó.

SÍNDROME. *Tener síndrome de Tres Patines.* Creer alguien que el cubano no vale nada. «Los americanos tienen síndrome de Tres Patines». (Es cubanismo del exilio). (Está basado el cubanismo en un programa llamado La Tremenda Corte, donde siempre el personaje «Tres Patines» le da la mala a alguien).

SIÓN. *Ser de Sión.* Ser judío. «Esos, se ve que son de Sión». (Cubanismo nacido en el exilio).

SIRENA. Ver *Carro.*

SOCIOLISMO. *Ser algo cuestión de sociolismo.* Ser cuestión de influencia. «Tu no consigues carne pero yo sí. Esto es cuestión de sociolismo». (Lenguaje cubano de los llegados por Mariel en el puente marítimo Mariel—Cayo Hueso de 1980). (Es un juego de palabras entre socio a la que se le añade «lismo» y «*socialismo*» o sea, el «comunismo cubano».

SOGA. *Hacer una soga con nudos de marinero.* Defecar muchos. «Cáda vez que se va al baño, ¡mira para eso! ¡qué asqueroso! No hala la cadena y siempre hace una soga con nudos de marinero». (Lo he oído también añadiendo: «con nudo y todo». *Llevar a alguien hasta las sogas.* 1.— Llevarlo hasta donde ya no tiene respiro. «O me paga o lo llevo hasta la soga». 2.— Disciplinar a alguien fuertemente, «Ese hombre llevó al hijo hasta la soga.» 3.— Excederse en algo. «Lo llevaron hasta la soga y se le murió entre las manos.» (Como se ve tiene diferentes significados que da la conversación pero siempre relacionados con llevar algo hasta donde no hay respiro o pasarse en la acción que se ejecuta sobre otro). Sinónimo: *Llevarlo hasta la tabla.*

SOLAR. *Ni en el solar del muerto parado.* Expresión que se usa para criticar actos de mala educación. «Mira para esa gente. Ni en el solar del muerto parado». (El solar del muerto parado era un sitio en Cuba donde vivía gente de muy poco nivel social). *Tener olor a solar.* Oler mal una persona. «Báñate, que tienes olor a solar». (El solar es una casa donde viven muchas personas en cuartos en Cuba, de ahí el cubanismo).

SOLITARIO. Ver *llanero.*

SOLIVIAN. *Ver a alguien Solvián de Cabumbia.* Verlo solo. «Sigue con ese carácter. Te veré, con tu edad, solivián de Cabumbia muy pronto».

SOMBRERO. *Estar en el sombrero de pajita.* Estar atrasado. «Con eso del subrealismo, ese muchachito poeta está en el sombrero de pajita».

SOPA. *No servir, alguien, ni para sopa.* No servir para nada. «Tu no sirves mi viejo, ni para sopa. Por eso no te contrato». *Tienes que tomarte una sopa de pichón.* Contestación que se le da a alguien cuando dice que está malo. —«Chico, que mal estoy— «Pues tienes que tomarte una sopa de pichón». (El cubanismo supone que la sopa de pichón lo pondrá bien. Está basado en la canción de la misma letra «Tienes que tomarte una sopa de pichón». (Se aplica así mismo, si se habla de otra persona).

SUERO. *Se llama así al batido de chocolate.* «Este suero que rico es».

SUFRIR. *¡Cómo sufro!* Expresión muy común en el cubano que es dicha cuando hay que trabajar mucho o cuando una persona nos molesta mucho, o cuando no nos gusta una película. «¡Qué película, caballeros! ¡Cómo sufro!» (Se aplica en general, a muchas situaciones).

SUPERACIÓN. *Fue la superación social.* Se dice cuando alguien se porta muy incivil. ¡Si lo ves en la fiesta! ¡Qué verguenza! ¡Fue la superación social!. (El cubanismo se basa en un danzón).

SUPOSITORIO. *Eso es sólo el supositorio. Si te pongo el lavabo, te mato* Si voy más allá te destrozo. Se aplica a múltiples situaciones. «Me hizo trabajar diez horas sin parar y me dijo: «esto es sólo el supositorio, si te pongo el lavabo te mato». «Me dio tres golpes y me dijo: «eso es sólo el supositorio. Si te pongo el lavabo, te mato». *Sér un médico un supositorio.* Estar siempre operando. «Ese médico nunca está en la casa. Siempre está en el hospital. Es un supositorio». (El supositorio «opera» o sea, hace evacuar al vientre. De ahí el cubanismo).

SUAVE. *Estar o ser alguien suave como el calzado.* «El es suave como el calzado». «El calzado «Suave» es una marca de calzado del exilio cubano». De ahí el cubanismo. *Suave que me estás matando.* Ten más cuidado. «No me des más trabajo. Suave que me estás matando». (Es la letra de una canción, de ahí, el cubanismo).

SUAVÍN. *Suave.* «Dale Suavín que rompes eso». (Es de influencia asturiana. En Cuba había miles de asturianos).

T

TABLA. *Tú podrás tener más tablas que Pérez y Hermanos pero no más trastos viejos que Nicanor Carrasco.* *Pérez y Hermanos* era una maderera, *Nicanor Carrasco* un rastro de cosas viejas). Tú no me intimidas. «Le dije miles de cosas y no se inmutó. Entonces le grité: Tú podrás tener más tablas que Pérez y Hermanos pero no más trastos viejos que Nicanor Carrasco». *Tener alguien la tabla variable.* Ser un individuo de humor variable. «No le hagas broma que tiene la tabla variable y puedes tener un problema».

TAIR. *Dejar a alguien con un flat tair.* Dejarlo en la estancada. «Yo confiaba en él, pero me dejó con un flat tair.» (Es cubanismo del exilio. Una goma que se poncha en inglés es un «flat tire». El cubano pronuncia en la forma que se ha indicado).

TAJALEO. *Estar en el tajaleo.* Siempre discutiendo. «Tu hermano y tú siempre están en el tajaleo».

TAJALOSEO. *Discusión.* «Ahí siempre tienen un tajaloseo tremendo». Sinónimo: *Tajaleo.*

TAJOS. *Tres tajos y pa la pila.* En el juego de pelota quiere decir que ya el jugador no tiene más oportunidad de batear. (Es sinónimo de «lo poncharon», otro cubanismo que indica lo mismo). «Ahí viene la pelota. Juan le tira. Tres tajos y pa la pila». (El cubanismo lo usan en Cuba hoy como propaganda pues guarda relación con el corte de caña que le dan tres tajos y se tira donde se apila). (El cubanismo se oye en boca de los que narran el juego de pelota «baseball».

TALQUITO. *Por el talquito.* Se oye en conversaciones en que las mujeres hablan de que el marido de una de ellas la dejó. Cuando una pregunta porqué habrá sido, se contesta: «por el talquito». Alude a que los hombres les encanta cambiar de mujer. «—Mi marido me dejó, ¿Por qué habrá sido? —Por el talquito.»

TAMALES. *Estar alguien como los tamales.* Estar algunas veces de buen humor y otras de mal humor. «Nunca se sabe que esperar con él. Está siempre como los tamales». (Los tamales pican o no pican, es decir, tienen picante o no. De ahí el cubanismo).

TAN TAN. *Bla, bla, bla.* «No se para que tanto tan tan. Aquí lo que hay es que actuar».

TANGO. *Entre tú y yo, sólo cabe el tango.* Estamos a diez iguales. «No trates de hacerte el grande. Entre tú y yo, sólo cabe el tango». Se refiere al tango «mano a mano» que reza: «mano a mano hemos quedado». *Estar como el tango.* Cantar para no llorar. «A pesar de mis desgracias, estoy como el tango».

TANGUISTA. *Ponerse en situación de tanguista.* Estar dispuesto a todo. «El hombre me vino con una pistola, pero no cogí miedo; me puse en situación de tanguista». (Está basado en la letra de un tango que dice: «en un beso la vida, y en tus labios la muerte»).

TANMANGANI. *Tener alguien más tanmangani.* Ser el primero. «El es el que más tanmangani tiene». *Creerse alguien que es el que más tanmangani tiene.* Creerse el primero. No te das cuenta que se cree que es el que más tanmangani tiene». (Tanmangani es el grito de Tarzán, el personaje de ficción).

TANQUE. Ver *Hueco.*

TAPE. *Se le llama así a todo lo que se usa con apariencia honrada para tener algo ilícito.* «Ese negocio de frutas es un tape que tiene porque él se dedica a rifas ilegales». «Ese dar limosna es un tape para ocultar que es un hombre malo».

TAPITA. *Estar tapita.* Estar sordo. «Juan está tapita». *Tener otra tapita para jugar.* Tener otra coartada. «A mí no me prenden (meten en la cárcel) porque tengo una tapita para jugar». (Es lenguaje delincuencial que ha llegado al pueblo).

TARJETA. *Ponchar la tarjeta.* Tener el marido relaciones carnales obligadas, con su mujer. «Hoy no tengo otro remedio que ponchar la tarjeta».

TÁRTAROS. *Todos los tártaros acaban en salsa.* Se dice de la gente mala, sinvergüenza, que terminan mal. Ya sé que es un sinvergüenza, pero no te olvides que todos los tártaros terminan en salsa. Este no es la excepción». (Tártaro en este cubanismo, tiene la significación de «sinvergüenza». Casi siempre se usa en el sentido de calavera).

TARZÁN. *A Tarzán se le cayó Chita.* Se dice del guapo que ante alguien que le hizo frente, demostró que no lo era. «Me vino a gritar y ya tú sabes cómo terminó: que a Tarzán se le cayó Chita». (Chita es la mona de Tarzán, el famoso personaje de ficción). *Quiere ser alguien el Tarzán de la jungla.* Querer hacer cosas que no puede. «Le va a dar un infarto. Quiere ser el tarzán de la jungla». *Botarse alguien de Tarzán y rompérsele la rama.* 1.— Hacerse el guapo y fallar lamentablemente. *«Se botó de Tarzán con Pedro, y éste lo pateó».* 2.— Creerse alguien que vale mucho y fallar por no ser así. «Juan compitió conmigo en el examen de español. Ya tú sabes que se cree que es muy bueno. Vaya, que se botó de Tarzán y se le rompió la rama. *Estilo Tarzán.* Le llaman así en el exilio cubano, al estilo de decoración con mucha mata, ya que Tarzán el personaje de ficción, es el rey de la Selva. «Vi unos patios estilo Tarzán. ¡Qué feos»¡ *Quiere ser el Tarzán de la película.* Querer ser siempre el primero. «El quiere ser siempre el Tarzán de la película». (Lo he oído decir de esta manera: *El quiere ser el Tarzán de la película, y los demás, de monos*).

TARROS. *Tarros de vaca.* Postes del alumbrado eléctrico. Que feos se ven en esta calle esos tarros de vaca».

TATA. *Llegó Tata Facundo.* Llegó el jefe. «Aquéllo estaba patas arriba hasta que llegó Facundo». Sinónimos: *Llegó el dueño de los caballitos. Llegó el dueño del bate, el guante y la pelota. Llegó el dueño de todas las papeletas. Llegó el mayimbe.* (De la Cuba de hoy. A los principales jefes del gobierno les llaman «Mayimbes»). *Llegó el que más mea. Llegó Papá Montero. Llegó el tambor mayor.*

TEATRO. *Llamarse alguien Martí.* Se dice del que habla con gestos teatrales. «Viejo, no me hables así que tu no te llamas Martí». (El «Teatro Martí» es un teatro en Miami. De ahí el cubanismo nacido en el exilio). Indica también, el ser hipócrita: «Como él se llama Martí, creyó que me engañaba. Como si no conociera su hipocresía». (Es decir, actúa como se hace en el teatro: fingido).

TEJA. *Caérsele a alguien la teja.* Volverse calvo. «A Pedrito se le está cayendo la teja».

TELA. *Ser una tela de saco de azúcar.* Ser una tela mala. «Esa tela es de saco de azúcar». (En Cuba, la gente pobre, se hacía camisas con los sacos de azúcar. De ahí, el cubanismo).

TEMA. *Tener algo tema.* Tener problema. «Te digo que ese automóvil tiene tema». (Es lenguaje de los cubanos llegados a Estados Unidos procedentes del Puerto del Mariel, Cuba).

TEMPLADERA. *Fornicación.* «Qué templadera tiene esa familia de al lado». Sinónimo: *Templete.*

TEMPLARIO. Ver *Orden.*

TEMPLETE. Ver *Templadera.*

TENDERA (Una). *En la Cuba de Castro, una conexión que se hace de la casa al cable mayor de electricidad de la calle para robarla.* «Como hay tenderas en este barrio».

TENDERAIZER. *Echarle a alguien tenderaizer.* Ablandarlo. «El no quería darle dinero pero ella le echó tenderaizer». (El «tenderizer» se usa para ablandar los alimentos. Es un cubanismo nacido en el exilio).

TENDIDO. *Ponerle a alguien el tendido y la corona.* Matarlo. «Los rivales le pusieron a tu amigo el tendido y la corona».

TENERÍA. *Tener una tenería en el culo.* Tirarse alguien peos silenciosos y de mal olor. «Pedrito tiene una tenería en el culo. ¡Qué asqueroso! (La tenería da muy mal olor, de ahí el cubanismo groserísimo).

TENIS. *Soltar los «tenis» en una carrera.* Fracasar. «Me casé y en esa carrera perdí los tenis. *Tener alguien un «tenis» atravesado.* Ser homosexual. «Pedro tiene un «tenis» atravesado». (Cubanismo del exilio. Surgió porque a los Marielitos, gente que llegó a Miami, exilada por el puente: Mariel—Miami, les repartieron a todos «tennis»). El cubano pronuncia este tipo de zapato, «tenis». Todos llevan en Estados Unidos la misma ropa que les dieron: pantalones de mecánicos y «tenis»; por lo de los «tenis» surgió el cubanismo al verse a un marielito homosexual con ellos.

TERCER. *Ser tercer mundista y no estar alineado.* Ser lesbiana. Esa mujer es tercer mundista y no está alineada.» (El cubanismo es del exilio y sus términos de política: Tercer-mundista: Alineación).

TERNERO. *Tener a alguien como ternero «achicao».* Tener a alguien a raya. «Yo tengo a ese individuo como ternero achicao». (Es de origen campesino el cubanismo. El ternero «achicao» se toma la leche de la vaca cuando ésta apenas tiene y la vacía, por eso no lo dejan acercarse a la vaca. De ahí el cubanismo). *Ternero resentino.* Ternero que por estar recien nacido, es pequeño. «Ese hombre es un ternero resentino».

TESTIVITAL. *Cuando se veía a un viejo con una mujer se gritaba por los golfos en Cuba: «Testivital, testivital».* Indica que el hombre era muy viejo para estar con ella sexualmente.

TETAS. *Exhibir las tetas por ser Almacenes «La Mía».* Exhibirlas porque le da su real gana a la mujer. «Exhibo estas tetas porque son Almacenes «La Mía». (Se refiere a los almacenes «La Mía» que existían mucho en Cuba. Exhibe los senos porque son de ella.

TIMBA. *De a Timba.* De a guapo. «Lo hizo de a timba».

TIMBOLES. (Los). *Los cojones.* «Lo hice por mis timboles». (Es eufemismo de cojones: timbales en cubano).

TIMÓN. *Agárrate al timón.* Sorpréndete con lo que te voy a decir: «Agárrate al timón: «Juan y Lucía se divorciaron, después de cuarenta años de matrimonio».

TINGLADO. *Ser el tinglado detrás del telón.* Ser la eminencia gris. «El es el tinglado detrás del telón. El presidente no toma una decisión sin contar con él.»

TINO. Ver *Profesional.*

TIO. Ver *Dueña.*

TIQUI. *Tiqui tique.* Chisme. «A él le gusta el tiqui tique». 2.— Discusión «Terminó peleando a los puños porque le gusta el tiqui tique. Mira que le dije que no discutiera con él». 3.— Intercambio inteligente de palabras irónicas. «Me sentí muy bien en la tertulia con ese tiqui tique entre tú y el pintor». 4.— Habladurías. «No prestes atención a ese tiqui tiqui. *Estar en el tiqui tiqui.* «Chismear». «No los aguanto. Se pasan el dia en el tiqui tiqui sin respetar a nadie».

TIRAR. *Nunca me lo he tirado.* No lo conozco. (Contestación que se da cuando alguien le pregunta a uno si conoce a una persona. Es grosera pues «tirar» es tener relaciones sexuales. «Conoces al profesor de matemáticas? —Nunca me lo he tirado».

TIRICIA. *Ictericia.* «Ese hombre tiene tirisia». (Así dicen los campesinos cubanos. Es un cubanismo nacido por pronunciarse mal la palabra «ictiricia»).

TIROTEARSE. *Tirotearse con alguien.* Discutir. Ayer me tirotié con Pedro pero no se enojó».

TITI. *Aparato sexual de la mujer.* «Tiene un titi precioso. Se lo vi». Sinónimos: Bollo, Boyabán, Boyobán cachuca, Mastercharch (del inglés «mastercharge» que es el nombre de una tarjeta de crédito), papaya.

TITILOCO. *Ser un titiloco.* Se dice de la mujer que se acuesta con cualquiera «Esa mujer con sirve para señor porque es un titiloco». Sinónimo. *Ser un bollo loco.* (Se aplican ambos cubanismos sólo a mujeres).

TOALLA. *Tirar la toalla en algo.* No seguir más. Desistir. «El negocio va tan mal, que voy a tirar la toalla».

TOCONES. *Piedras grandes.* «Cuidado no choques con esos tocones». (Es un cubanismo que se usa por la zona de la Ciénaga de Zapata en Cuba y sitios aledaños). (En castizo, tiene otra significación).

TOLETE. Ver *Rabo.*

TOMATES. *Estar como los tomates en la caja.* Estar mal. «Yo estoy últimamente como los tomates en la caja». (Los tomates están apolimados. Estar «apolimado» es un cubanismo (también barbarismo de *aporismar)* que indica: estar mal. De ahí el cubanismo que se incluye).

TOPES. *Nada más que faltarle ir a Topes de Collantes.* Haber tenido todas las enfermedades. «A él nada más que le faltó ir a Topes de Collantes». (Es un cubanismo ya casi desaparecido. «Topes de Collantes» era un hospital antituberculoso en Cuba).

TORMENTO. *No hay tormento.* Todo está resuelto. «¿Tú me puedes prestar cinco pesos? —No hay tormento» (Exilio).

TORO. *Está cebado que parece un toro búfalo.* Se dice del que está muy obeso. «Lo encontré tan cebado a tu hermano que parece un toro búfalo». O simplemente, *Parecer alguien un toro búfalo.*

TORONJA. *Esa toronja no filtra.* Se dice e alguien que no es inteligente. «La toronja» es la cabeza. —«¿Tú crees que Juan llegue a ingeniero?» —Chica, esa toronja no filtra».

TOSCA. *Aunque no Tosca mucho hace Nini.* Aunque no tiene muchas relaciones sexules puede ser muy efectivo el día que la tiene. «Ese viejito no Tosca mucho pero Nini. (Este cubanismo del exilio circula sólo en círculos altos).

TOSCANINI. *Ser el Toscanini de la vida de una mujer.* Ser el dueño de su vida. «Es el Toscanini de la vida de Lucía. (Es un cubanismo chistoso que circula en niveles altos y que se basa en que el conductor no sólo dirige —en este caso la vida— sino que toca en este caso a la mujer). (Nació en el exilio).

TOSTADAS. *Tostadas de punta.* Se le llama así a las tostadas de pan de flauta. «Yo no quiero esas tostadas sino tostadas de punta». Ver *Pan.*

TOTEM. Cualquier poste con señales en Cuba, hoy». «¿Dónde estarán los totem para no perdernos en esta carretera?»

TRABAJO. Ver *Pei of.*

TRABUCACIÓN. Equivocación. «En este libro hay una trabucación histórica».

TRÁGICO. Ver *Mamá.*

TRAJE. *Estar alguien como los trajes.* Estar alterado. «Últimamente con tanto trabajo, está como los trajes». *Llevar un traje de alto voltaje.* Usar un traje muy llamativo. «Es un ridículo. Lleva un traje de alto voltaje».

TRANCA. Pene. «Siempre, desde niño, tenía una tranca grande».

TRANQUE. *Darle un tranque a alguien.* Forzarlo a algo aprovechando las circunstancias. «Me dio un tranque y no tuve más remedio que firmar». *Darle un tranque a una mujer.* Declarársele en forma que no se le deja salida para negarse. «Mi marido me dio un tranque: me cogió por el brazo y me dijo: Yo soy el hombre de tu vida y me casé». *Darse un tranque una pareja.* Tocarse libidamente. «Juan y María se dieron un tranque anoche en el cine».

TRANQUILINA. *¿Tú quieres tranquilina?* Así le preguntan las madres a los hijos cuando se portan majaderos. Para indicarles que les van a castigar fuerte. «Muchacho, déjame tranquila. Tu quieres tranquilina? (*Tranquilina* era un calmante en Cuba. De ahí el cubanismo).

TRANVÍA. *Coger el tranvía en el paradero del Príncipe.* Ir a la cárcel. «Ese con lo que ha hecho cogió el tranvía en el Paradero del Príncipe. (Algunos tranvías salían del Paradero del Paradero del Príncipe, en la Habana. En el Castillo del Príncipe estaba la cárcel a la que se le llamaba simplemente El Príncipe. De ahí el cubanismo). Sinónimo. *Coger el tranvía Príncipe—San Juan de Dios.* (Era una línea de los tranvías en la Habana).

TRAPECIO. *Bailar en el mismo trapecio.* 1.—Ser como otro. «Esos dos no son de fiar. Bailan en el mismo trapecio. 2.—Coincidir. «En eso, tu y yo bailamos en el mismo trapecio. El mundo se termina».

TREN. *Estar como los trenes.* Trabajar mucho. «Yo no paro. Estoy como los trenes». (Los trenes estan «siempre enchuchado. «Estar enchuchado»: Cubanismo de varia significación entre ellas trabajar mucho. De ahí el cubanismo). Sinónimo. *Tener vida de tren.*

TRENZAS. *Ver a alguien con trenzas en el bigote.* Verlo convertido en un tacaño. En la forma que te comportas te veo con trenzas en el bigote».

TRIANÓN. *Ser de Le Trianon.* «Usar solo joyas caras». «Estas equivocado yo soy de Le Trianón. No me pongo esos pulsos baratos.» (Le Trianón era una joyería fina de la Habana).

TRILLO. Ver *Parque.*

TRINCADO. *Estar trincado.* Se dice de la persona muy fuerte y pequeña y ancha de tórax. «Tu hermano está trincado». Se dice, igualmente, de dos personas que se estan besando y tocando lascivamente. «Yo los vi en el cine y estaban trincados».

TRIM. Ver *Bohio.*

TRIO. *Echarle a alguien un trío.* Se aplica a algo que es muy bueno. «A esa pareja de cantadores hay que echarle un trío». «Al pintor hay que echarle un trío».

TROMPETÚA. *Persona trompetúa.* Persona contestona. «Le ha ido muy mal en la vida por trompetúa».

TROMPO. *En cuanto le da vuelta al trompo se le rompe la pita.* En todo fracasa. «Es tan desdichado que en cuanto le da vuelta al trompo se le rompe la pita».

TRONCAR. Impedirle algo a alguien. «Llegó a la ciudad pero allí lo troncaron y no pudo salir para el extranjero.» (Es término llegado con lo exiliados de Mariel a Miami. Se dice contínuamente: «Al marido de Laura lo troncaron en el Mariel»... «A Pérez lo truncaron en la Habana antes de llegar a su destino. Se usa, también, en el sentido de prender. «Lo truncaron en la Habana antes de llegar a salir y está en la cárcel». También en el sentido de derrotar. «A ese lo truncan en cualquier momento; no tiene armas».

TRONCO. *Un tronco de mujer.* Una mujer muy bella. «Carmencita es un tronco de mujer».

TRUCUTÚ. *Ser un trucutú.* Ser un retógrado. «Tu eres un trucutú». Así no podras adelantar en la vida». (Trucutú es un personaje de la época de la Edad de Piedra de las tiras cómicas. De ahí el cubanismo).

TRUQUERA. *La Truco.* «A esos políticos les gusta mucho la truquera».

TRUST. Ver *Cama.*

TUBO. *Conectar a alguien con el tubo de potaje.* La frase fue creada por el periodista cubano Silvio Lubián que en el periódico, le decía al presidente de Cuba, Fulgencio Batista y Zaldívar: «Presidente, conécteme con el tubo de potaje», es decir «deme un puesto público». De ahí se generalizó y hoy se usa relacionado con todo lo que da un beneficio. «Ya se que estás de altura en esa companía. Conéctame con el tubo de potaje». Sinónimo. *Ponme a gozar.* Antónimo. *Quitarle a alguien, el tubo de potaje. Ser alguien un tubo de escape.* Ser muy rápido. «No lo puedes coger porque es más rapido que un tubo de escape». (El humo que sale por el tubo de escape es muy rápido. De ahí el cubanismo). También ser muy inteligente en frases como está: «Tiene una inteligencia que es un tubo de escape». (Es lenguaje que viene del area del automóvil).

TUIST. *Hacer el tuist.* Convertirse en homosexual. Tenía quince años cuando el hizo el tuist». (Tuist es la pronunciación cubana de la palabra inglesa «twist»: torcer). (Cubanismo del exilio).

TUMBE. *El tumbe no es ahí.* 1.—Donde está el negocio no es ahí. «No el tumbe de la compañía de telefono no es en las instalaciones sino en lo de los cordones». 2.—Ese no es el quid de la cosa. «No vayas por ahí. El tumbe no es ahí».

TUMBAO. *Forma de caminar.* «Mira que tumbao tiene ese hombre». (Se dice también en Puerto Rico). 2.—Trabajo fácil. «Tiene con esa companía un tumbao maravilloso».

TUMULTO. *Morir en el tumulto.* En frases como «Ese muere en el tumulto» quiere decir: ese hombre no puede tener relaciones sexuales por ser muy viejo. Viene del chiste: «Un niño se crió con las tías y siempre preguntaba que había sido del papá hasta que las tías cansadas, ya cuando llegó a la mayoría de edad le dijeron que el papá había ido al circo y que la trapecista se cayó en la lona. Al caérsele se le abrió el traje y se le vieron las partes pudendas. Se oyó un grito a tirársele armba y entonces, dicen las tías: «hijo, tú papá murio en el tumulto». El viejo como en el chiste no puede tener relaciones sexuales y acude a otros medios. De ahí el cubanismo).

TUVITENGOS. (Los). *Los cubanos* exiliados son llamados así, en Cuba. «Todos estos que ves ahí son los tuvitengos». (Les llaman así en Cuba porque allí tuvieron fortuna y la vuelven a tener ahora en el exilio).

U

UTERO. *Tener el utero de hojalata.* No tener una mujer carácter. «¡Cómo no le va a soportar esas barbaridades al marido! Tiene el útero de hojalata.»

V

VACA. *Ser alguien vaca.* Sacarle a alguien dinero continuamente. «Como da. Es una vaca». (A la vaca la ordeñan todos los días y a el que es vaca le hacen lo mismo sacándole dinero a diario. De ahí el cubanismo). *Cualquier vaca tiene lechero.* «Nunca falta un roto para un descosido». (Lo he oído asimismo, aplicado a la mujer, en el sentido de que no hay mujer fea) «Ella se casa a pesar de lo horrorosa que es. Cualquier vaca tiene lechero». También: cualquier mujer gordísima tiene su marido» ya que a una mujer muy gorda se le dice, en Cuba «vaca», «Es una vaca». (Ejemplo del cubanismo que se analiza «Mírala pesa doscientas libras y con novio. Nada, que cualquier vaca tiene lechero»).

VACA. Ver *Amor.*

VALENTINO. *Ser Valentino.* Ser un tipo muy retógrado. «El es Valentino. No le hagas caso a sus ideas». (Valentino es el famoso artista de cine: Rodolfo Valentino. Es cubanismo de gente ya mayor).

VALLA. *Discutir en valla chiquita.* Discutir en privado. «Vamos a discutir en valla chiquita». (Las vallas de gallo tienen dos vallas: una grande y otra chica donde se remata al gallo. De ahí el cubanismo). *Abrir valla.* Echar a correr precipitadamente. «Cuando oyo el tiro abrió valla».

VARA. *No aceptar a nadie aunque llegue con una vara de nardo.* No aceptarlo bajo ninguna condición. «No acepto a tu novio aunque venga con una vara de nardo». (Es decir aunque sea un santo como San José que tiene una vara de nardo en la mano).

VASELINA. *Ser una mujer como la vaselina.* Ser muy fina. «Esa mujer tiene unos modales! Es como la vaselina».

VELOCIDAD. *Confundir la velocidad con el tocino.* Tomar una cosa por la otra. «Le llamé la atención por su bien pero se sintió ofendido. Es que confunde la velocidad con el tocinó. Sinónimo. *Confundir la gimnasia con la magnesia. Confundir la gimnasia con la manteca. Confundir la peste con el mal olor.*

VELORIO. *Ir hasta velorio de negro.* Ir a cualquier cosa. «Yo voy a ese baile. No me importa como sea. Si yo voy hasta velorio de negro». *Eso es aquí y en el otro velorio.* Eso es verdad. «Lo que te digo sobre mi hermano es aquí y en el otro velorio».

VERDOLAGA. *Crecer algo como la verdolaga.* Crecer mucho y por dondequiera. «El mal crece como la verdolaga».

VERSITO (El). La Adivinanza. (Equivaliá a un número de la charada que era un juego de tipo ilegal en Cuba. Cada número de la charada equivalía a algo. Así el «uno era el «caballo»; el «dos» la «mariposa»; el «tres» el «gato boca»; el «diez» el «presidente». Un versito decía por ejemplo: «¿A qué va el «guajiro» —campesino— a la Habana? Equivalía el número «diez»: «presidente», pues iba «a ver al presidente».

VIANDAJE. *Potaje con viandas.* «Que viandaje más rico me comí hoy».

W

WAY. *Ser uan uei.* No ser homosexual. A pesar de sus gestos tu estás equivocado: El es uan uei». (Uan uei es la forma en que el cubano pronuncia: «One Way»: una sola vía). (El cubanismo del exilio).

Y

YAB. *Ser algo un yab a la punta del hígado*. Se dice de algo resonante. «Esa noticia es un yab a la punta del hígado». «Ese nombramiento del Presidente es un yab a la punta del higado». (Es cubanismo que viene del pugilismo —boxeo—) Sinónimo: *Ser un directo al pulmón. Ser un palo*.

YAGUA. *Debajo de cualquier yagua sale su alacrán*. Quien menos tú piensas es malo. «Tú vigílalo. No te olvides que debajo de cualquier yagua sale su alacrán». *La yagua que está para uno no hay vaca que se la coma*. Nadie puede huir de su destino. «Tienes que ser valiente. La yagua que esta para uno no hay vaca que se la coma». (Ambos cubanismo del campo cubano).

YAYA. Látigo. «Le dio con la yaya y fuerte». *Hacerse una yaya*. Hacerse un rasponazo, una herida en la piel. «Porque llora el niño? ¿Tiene yaya? *Ser alguien yaya*. Ser peligroso, inteligente, etc. (La conversación da el significado). «No lo amenaces que es yaya». (peligroso). «Gana la competencia porque es la yaya». (inteligente). Sinónimo: *Ser la yúa en el monte*. (Cubanismo de origen campesino).

YAYABO. *Perderse a alguien el yayabo*. Ser derrotado. «A él en esta contienda fue al que se le perdió el yayabo». (Esta, el cubanismo, basado en una canción que dice: «Ya Yayabo se perdió»).

YEGUA. *Hijo de yegua*. Hijo de puta. «No es más que un hijo de yegua». *Ser un yegua*. Ser homosexual. «Ese no es más que un yegua». (Al homosexual se le dice yegua. Por eso «al que el hijo le nació yegua», p.e. es homosexual). *Ser una mujer una yegua*. Ser muy grande de cuerpo. «Esa mujer es una yegua. Por nada en el mundo me caso con ella».

YEYO. *Ser Yeyo analfayuca*. Vivir regalado, a pesar de ser analfabeto. (En Cuba al analfabeto se le dice, en cubano, «analfayuca»). «Aquí lo que hay que hacer es ser Yeyo analfayuca. Si eres inteligente no vives».

YOYO. *Ser alguien un yoyo*. No tener opinión. «Juan es un yoyo. Por eso fracasa». (Como el yoyo lo mismo está arriba, que abajo. De ahí el cubanismo). *Ser yoyo y quedarse solo con la pita*. Fracasar alguien que es muy individualista. «Déjalo solo. Es yoyo y se quedará con la pita».

YÚA. *Ser yúa en el monte*. Ver: *Ser alguien Yaya*. (Es cubanismo campesino. La yúa es un arbol espinoso). (También, se dice solamente: *Ser yúa*.)

Z

ZANJA. *Recordarse alguien de Zanja.* Mentarle la madre a una persona. «Me violenta tanto que me recorde de Zanja». («Zanja» es una calle del Barrio Chino de la Habana. El Cubanismo alude a «tú mamá calimbambó» forma en que los chinos mentaban la madre en Cuba).

ZAPATAZO. Ataque masivo al corazón. «El tuvo un zapatazo. Lo mato instantáneamente».

ZAPATOS. *Tener más zapatos que un cimpiés.* Tener muchos zapatos. «Juan tiene más zapatos que un cimpiés».

ZAZASPERES. *No me zazasperes.* No me pongas de mal humor o no me exasperes. «Oye no me zazasperes con tu conducta.» (Siempre se usa en esta forma que incluyo aquí).

ZOOLÓGICO. Ver *Mono.*

ZURDO. *Ser zurdo a algo.* No saber algo. «Tú hermano es zurdo al baile».

ZURRUPIA. (La). Poco. «Apenas me quedó una zurrupia de la venta».